*Je
ne
t'oublierai
pas*

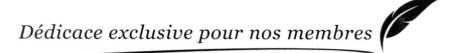
"Tout seul, on va plus vite.
Ensemble, on va plus loin."
(proverbe africain)

Puisse ce livre nous
inspirer à donner
un peu plus...
Comme les héros silencieux
qui ont inspiré ce livre.

Namaste ☺

JML

Jean-Marie
Lapointe

*Je
ne
t'oublierai
pas*

www.quebecloisirs.com
UNE ÉDITION DU CLUB QUÉBEC LOISIRS ULC.
Avec l'autorisation de Groupe Librex inc., faisant affaire sous le nom des
Éditions Libre Expression.

Photo de l'auteur : Sarah Scott
Couverture et mise en page : Clémence Beaudoin
Photos de couverture : collection personnelle de l'auteur.

© Les Éditions Libre Expression, 2014
Dépôt Légal --- Bibliothèque et Archives nationales du Québec, 2014
ISBN Q.L. 978-2-89666-301-9
Publié précédemment sous ISBN 978-2-7648-0885-6

Imprimé au Canada

À tous mes maîtres, petits et grands.

PRÉFACE

La relation entre Jean-Marie et moi est parfaite. Je n'ai pas assez de poitrine pour qu'il me trouve à son goût, il a trop de muscles pour que je le trouve au mien. Du coup, impossible que notre relation ne soit basée que sur les apparences, les hormones ou d'autres valeurs éphémères. On a cherché et creusé plus loin les racines de notre connexion. On l'a trouvée dans l'amitié profonde.

Jean-Marie a toujours été là pour moi : dans les moments difficiles, les périodes de remise en question existentielle et de doute profond sur le sens de la vie et sur la perte de ce sens qu'on ressent tous un jour ou l'autre. Je dois avouer, en toute humilité, que l'inverse n'a pas toujours été vrai. Je crois avoir été une bonne amie pendant les aléas de sa vie professionnelle et amoureuse, mais pas la fois où j'aurais pu apaiser son âme.

Un jour, Jean-Marie m'a lancé quelques signaux de détresse. Discrets, mais répétés. Je ne les ai pas entendus. Je n'ai pas été là pour lui, je n'ai pas su l'aimer comme j'aurais dû. Le fait d'y penser me trouble encore aujourd'hui. Mais, être en relation avec Jean-Marie, c'est se sentir aimée assez pour avouer son tort, être pardonnée inconditionnellement et, paradoxalement, voir ainsi les liens se solidifier. Jean-Marie, c'est ça : la compassion envers l'autre, même au travers de sa propre souffrance.

Et de la compassion, il en a pour mille. C'est un *pusher* de compassion. C'est le mien en tout cas. Ici, il va vous présenter les jeunes toxicomanes et alcooliques du Grand Chemin, je les ai aimés grâce à lui. Il va vous faire tomber sous le charme de Jonathan, son grand ami trisomique, c'est ce qui m'est arrivé. Il va vous faire découvrir le langage du cœur des jeunes handicapés physiques et intellectuels du Défi sportif, ce langage qui nous sort de notre zone de confort et nous confronte aux malaises que crée trop souvent la différence. Si aujourd'hui je le parle et le comprends, ce langage, c'est beaucoup grâce à lui. Il va vous émouvoir avec ses histoires d'accompagnements dans la mort. Sa Joanna, son Laurent, son Timo seront les vôtres. Il vous racontera comment, il n'y a pas si longtemps, on a failli le perdre pour de bon.

Je vous souhaite que, à travers toutes ces histoires et ses mots d'amour, Jean-Marie vous accompagne encore longtemps après que vous aurez fermé ce livre. Comme je souhaite qu'il m'accompagne pour le reste de cette vie-ci. Et bien au-delà.

Pénélope McQuade,
novembre 2013

J'ouvre les yeux. Je suis à dix ou douze pieds sous l'eau.

Elle est tellement sale que j'ai l'impression de baigner dans une soupe aux pois.

Je n'ai pas de force.

Je m'enfonce de plus en plus… Je coule…

Et j'ai mal, très mal au côté droit.

Qu'est-ce que j'ai là ?

Je retiens mon souffle, mais pour combien de temps encore ?

Plus je coule, plus je sens la pression.

Sur mes tempes et dans mes oreilles.

J'entends des bruits sourds…

Des bourdonnements, des cris étouffés. Qu'est-ce que c'est ?

Que s'est-il passé ?

Je sens mon cœur se serrer…

Je remonte… kicke… bouge les bras, les pieds…
Un flash.
Une tête de dragon en styromousse…
Devant moi, mon coéquipier Olivier la reçoit derrière
la tête.
Son cri se mêle à d'autres cris…
Puis j'entends le mien.

J'ai les bras dans les airs. Je m'apprête à donner un
autre coup de pagaie…
POW!

Je suis au fond de l'eau, dans le port de Hong Kong…

1

LE RÉVEIL EXTRÊME

«La mort ferme les yeux des mourants
et ouvre ceux des survivants.»
Gilbert Cesbron

Bien avant que je sois en mesure d'accompagner des enfants et des adolescents en phase terminale, j'ai rencontré des personnes et vécu des événements importants qui m'ont permis de me familiariser peu à peu avec la mort. Puis, un jour, j'ai fait le grand saut: je suis devenu bénévole en soins palliatifs.

Mais il a d'abord fallu que je l'apprivoise, cette mort qui me faisait peur, à moi autant qu'à n'importe qui.

*

Quand ma mère est décédée, au début des années 1990, j'ai éprouvé énormément de regrets. J'aurais tellement voulu être là pour elle. J'aurais souhaité être mieux outillé pour pouvoir l'aider à vivre ses derniers jours. Mais ma peine était si profonde qu'elle m'aveuglait totalement. La seule idée de perdre ma mère était si impensable que je n'arrivais pas à être totalement présent pour elle. J'étais incapable de l'accompagner dans sa souffrance et, surtout, dans son mal de vivre.

Durant ses derniers moments, je n'ai pas su quoi faire ni quoi lui dire. Je me suis senti extrêmement impuissant et vulnérable. J'y repense très souvent, et mon incapacité et ma gaucherie de l'époque me désolent encore aujourd'hui.

C'était la première fois que je côtoyais la mort; cette expérience a été la plus cruelle que j'aie jamais vécue.

Pourtant, la mort de ma mère, bien qu'absolument tragique pour moi, a aussi joué un rôle de catalyseur: elle m'a éveillé à la vie. Elle m'a permis de réaliser une chose, pourtant évidente, mais que je repoussais de toutes mes forces: la mort existe, elle n'arrive pas qu'aux autres.

*

Peu de temps après le décès de ma mère, je me suis mis à lire sur la mort pour mieux la comprendre, pour lui trouver une raison d'être, une nouvelle signification. Et aussi pour adoucir mon deuil.

C'est alors que ma vie a pris un virage à cent quatre-vingts degrés. Je me suis dit: «C'est arrivé à ma mère. Je suis le suivant! Il faut donc que ma vie devienne plus agréable, plus simple. Elle doit avoir plus de sens, être beaucoup plus remplie d'amour et, surtout, être moins centrée sur moi.»

Cette prise de conscience s'est transformée en urgence de mieux vivre. Dès l'automne 1991, j'ai suivi un cours pour devenir animateur à la télé et à la radio, et j'ai mis fin à une relation qui, depuis un certain temps, ne m'apportait plus rien. C'était devenu une relation vide de sens à mes yeux. Je voulais plus. Je voulais mieux. Je voulais être heureux. En somme, la mort de ma mère a provoqué une sorte de réveil extrême. Elle a amené un vent contraire, pour ne pas dire une bourrasque, qui m'a transformé profondément et m'a dirigé tout droit là où je suis présentement.

*

Quelques années plus tard, j'ai été à nouveau en contact avec la mort. Cette fois, comme ça ne me touchait pas personnellement, j'étais plus apte à gérer mes émotions.

C'était en 1997. Une recherchiste de l'émission *Reporter*, à TVA, animée par Réal Giguère, m'a téléphoné. Elle cherchait des personnalités connues intéressées à se transformer en journalistes et à produire des reportages sur une variété de sujets. J'ai accepté de participer au projet. Comme j'avais vécu un deuil quelques années auparavant et que j'avais une certaine connaissance de ce moment difficile de la vie, on m'a proposé de filmer les derniers jours de Roch Girard, un homme de soixante-deux ans atteint d'un cancer en phase terminale.

Placé derrière la caméra, discret mais extrêmement attentif et concentré, je posais mes questions et j'échangeais avec cet homme exceptionnel. Roch achevait sa vie et il avait pris le temps d'écrire ses mémoires. Son souhait le plus cher était qu'ils soient publiés un jour.

En écrivant, Roch avait longuement réfléchi sur sa maladie et sur la mort, ce qui l'avait préparé à mourir en paix. Il en discutait franchement, sans retenue, et il me parlait de Dieu aussi. Il avait des peurs, évidemment, mais je sentais qu'il était prêt à mourir parce qu'il avait réglé ce qui devait l'être. Sa foi l'accompagnait et l'empêchait de se sentir seul et désemparé.

Écrire lui avait fait le plus grand bien, car il avait un objectif à atteindre : il souhaitait que son témoignage réconforte ceux et celles qui vivaient la même épreuve que lui afin qu'ils ne se sentent pas abandonnés.

Pour ma part, ce que j'ai retenu de ma rencontre avec Roch est l'urgence de vivre, l'importance de faire des projets avec son cœur et de vivre intensément le moment présent. Comme lors du décès de ma mère, je me répétais les mêmes mots : « Parce que la mort existe, réveille-toi avant. » J'avais trente-deux ans et ce message résonnait dans ma tête pour la deuxième fois.

J'étais très heureux d'être en contact avec cet homme extrêmement humain et lucide. Quand j'ai commencé à le voir, j'étais loin de me douter que Roch allait laisser une empreinte aussi profonde dans mon esprit et dans mon cœur. J'ai eu la chance inouïe d'échanger avec cet être qui se préparait tranquillement à ce que nous allons tous vivre, tôt ou tard. J'étais là pendant qu'il vivait ses derniers moments et je me sentais extrêmement privilégié.

J'ai bouclé le reportage sur Roch. Sans m'en apercevoir, j'avais fait beaucoup plus que tourner des images de la fin de sa vie ; j'avais aussi tissé des liens avec sa famille. On s'appelait à l'occasion. On se donnait des nouvelles. Je m'informais de sa situation, de la maladie qui évoluait. Je m'étais attaché à cet homme et à tous ceux qui gravitaient autour de lui dans les derniers jours de sa vie.

Grâce au charisme de Roch et au message qu'il avait à nous livrer, le reportage a été bouleversant. J'éprouve une réelle fierté d'avoir pu lui servir d'intermédiaire, d'avoir été un témoin privilégié de sa démarche lumineuse et combien inspirante.

*

Le soir de la diffusion du reportage, Roch venait d'être admis à l'unité des soins palliatifs. Le bruit avait couru dans tout l'hôpital qu'un des patients allait être interviewé à la télé. Pratiquement tous les téléviseurs de l'établissement étaient syntonisés sur TVA. Roch était heureux : ses paroles allaient être entendues par des centaines de milliers de téléspectateurs au Québec.

Quelques heures plus tard, après avoir accompli sa mission, Roch rendait son dernier souffle.

C'est comme s'il nous avait dit : « Je suis resté en vie jusqu'à ce que mon reportage soit diffusé à la télé. Maintenant que nous avons parlé de mon livre, je peux partir et j'espère que quelqu'un l'éditera. »

Il a été entendu.

Le hasard a voulu que Danielle Foisy, une téléspectatrice ayant des contacts dans une maison d'édition, soit touchée par l'émission.

Le livre a été publié et les profits de la vente ont été versés à la Maison Victor-Gadbois, une résidence offrant des soins palliatifs sur la Rive-Sud de Montréal.

De mon côté, j'ai eu l'honneur d'écrire ce texte, qui se trouve au dos du livre[1].

Le premier mot qui me vient à l'esprit lorsque je pense à Roch Girard est merci! Merci à la providence d'avoir mis un être aussi exceptionnel sur mon chemin. Merci, Roch, pour cette leçon de vie, de courage et d'amour. Merci, Roch, de m'avoir donné le privilège d'être témoin de ta sagesse toute simple face à la maladie et à la mort. Merci pour ton sourire, ta force, tes larmes et ta confiance. Roch Girard a écrit pour faire place à ce qui se présentait à lui : «La mort, un des plus grands gestes que tu as à poser dans la vie.» Ses pensées et ses réflexions sur le cancer, cet ennemi redoutable, il les a aussi mises sur papier pour aider ceux et celles qui traversent cette terrible épreuve, tant les malades que leurs proches. Ses peurs, ses angoisses, ses joies, ses rires, il accepte tout cela à bras ouverts et le raconte avec lucidité, sincérité et générosité. Un jour, Roch Girard m'a dit : «Maintenant, la vraie saison est commencée...» Par de petites phrases comme celle-ci, il m'a profondément touché. Il m'a permis de voir la mort et la souffrance sous une lumière si claire, si authentique que j'apprécie la vie avec encore plus de plaisir et mon bonheur est encore plus grand. Roch

---

1. Roch Girard, *La Force de l'abandon*, Éditions Témoignage-vérité, 1998.

Girard était à ce point fier de son manuscrit, qui avait exigé de lui tant d'efforts, de courage et d'humilité, qu'il espérait qu'il soit publié. Aujourd'hui, il nous remercierait d'avoir réalisé son rêve. Mais Roch, c'est toi qui nous offres un cadeau : ce livre est le plus bel héritage qu'une personne puisse léguer, celui d'aimer la vie et d'accueillir la mort en disant merci !

À un de ces jours, Roch !

Jean-Marie Lapointe

*

C'est Roch qui, le premier, m'a donné l'envie d'accompagner des gens en fin de vie. Cette expérience m'avait fasciné et m'avait fait prendre conscience du besoin pressant que j'avais de faire une différence dans la vie des autres, tout en me donnant un enseignement précieux sur l'importance de vivre et de vivre mieux.

À cette époque, donc, j'avais tout pour être heureux : une jolie épouse, une carrière qui allait bon train, une belle maison. J'étais choyé par la vie, mais malgré cela je ressentais un vide intérieur. Il me manquait une chose toute simple : le don de soi.

Je n'avais pas l'impression d'avoir atteint le plein potentiel de ce que mon cœur était capable de donner. Je voulais trouver un sens plus profond à ma vie, la consacrer davantage aux autres. Cette pensée devenait de plus en plus présente en moi, mais je ne savais pas où regarder, où me diriger pour me sentir à ma place et pleinement utile.

C'est à ce moment-là qu'Isabelle est entrée dans ma vie. Elle avait dix-neuf ans et elle était atteinte de leucémie, en phase terminale. Elle était à l'unité de soins palliatifs du CHU Sainte-Justine.

Un jour, au gym, j'ai croisé Anne-Jocelyne, qui travaillait à cet hôpital en hémato-oncologie. Comme j'animais des téléthons à l'époque et qu'elle était très impliquée dans toutes sortes d'activités auprès des enfants malades, on avait eu l'occasion de se rencontrer à quelques reprises. Elle m'a dit : « Il y a une jeune fille à Sainte-Justine que j'aimerais te présenter. Je pense que ça pourrait cliquer entre vous deux. Et je sais que ça lui ferait beaucoup de bien à elle. »

Anne-Jocelyne était loin de se douter qu'elle s'adressait à moi au bon moment.

Leucan avait alors un programme qui s'appelait *Greffe-moi un parrain*. On demandait à des personnalités connues de visiter des enfants malades en attente d'une greffe ou d'un traitement de chimiothérapie. Anne-Jocelyne avait pensé à moi pour Isabelle.

Quelques jours plus tard, je suis allé la voir dans sa chambre d'hôpital. C'était une jeune fille franche et directe. Avec Isabelle, il n'y avait pas de *bullshit* ni de fla-fla. Elle ne voulait rien savoir des formules de politesse. Il n'y avait pas de place dans sa vie pour la manipulation. Son temps était précieux et elle ne voulait surtout pas le gaspiller avec n'importe qui et pour n'importe quoi. Elle avait besoin de s'engager pleinement dans ses relations et de sentir que c'était réciproque.

Elle visait l'essentiel. Nos rencontres sont très rapidement devenues significatives, riches et passionnantes. Au-delà des choses qu'on s'est dites, il y avait cette énergie spéciale qui se dégageait d'elle et qui me faisait du bien. Plus je la voyais, plus je devenais certain d'une chose : cette qualité de relation, j'en voulais partout, tout le temps.

La présence d'Isabelle, cette jeune femme qui cognait aux portes de la mort, me comblait et m'ouvrait davantage les yeux sur la réalité de la mort… et sur la chance que j'avais d'être en vie et en santé.

Malgré ses dix-neuf ans, elle avait une conscience hors du commun et une grande sagesse. On voit souvent cela chez les enfants malades : au cours de leur courte vie, ils développent de façon précoce une maturité, une finesse et une acuité qui nous dépassent souvent, nous, les adultes bien portants. Parce qu'ils font face à la maladie et à la mort, qu'ils côtoient un monde et une réalité d'adultes, ils évoluent plus vite que les enfants qui vivent dans le jeu et la naïveté.

Au contact d'Isabelle, je me posais de multiples questions : « Qu'est-ce que j'attends pour être heureux dans ma vie ? Est-ce que j'attends d'être sur mon lit de mort pour faire les changements nécessaires ? » D'ailleurs, combien de personnes ont dit avant de mourir : « J'aurais donc dû travailler davantage ! » ?

Je me disais : « Change tout de suite pendant que tu es en santé et le reste de ta route sera plus enrichissant. Si tu fais des changements en fonction de ton cœur et non de ta tête, il y a de fortes chances que ta vie soit plus heureuse. Cela t'apportera amour et conscience. »

C'est le cadeau précieux qu'Isabelle Girard m'a donné avant de mourir.

C'est ce qui m'a poussé à appeler Leucan afin de pouvoir m'impliquer auprès des enfants et des jeunes en fin de vie. J'ai passé une entrevue en bonne et due forme, j'ai rempli un questionnaire détaillé sur mes intentions et mes motivations, et j'ai reçu finalement une formation pendant plusieurs semaines. Rien n'est laissé au hasard : ne devient pas bénévole qui veut lorsqu'il est question des enfants mourants. Pendant cette formation, j'ai eu le privilège de rencontrer Sylvie Cantin et Marielle Godin, toutes deux de Leucan. Sylvie s'occupait du jumelage des bénévoles avec les enfants et les ados, et Marielle faisait le suivi de deuil. J'ai beaucoup compté sur elles au début de mon aventure. Heureusement qu'elles étaient à mes côtés. J'ai passé de longues heures à parler avec ces femmes des jeunes que j'accompagnais. À plusieurs reprises, elles m'ont aidé à «ventiler», parce que l'expérience que je vivais était parfois extrêmement éprouvante. Par moments, c'est lourd et pénible d'être le témoin de tant de souffrances, et de passer d'un sentiment d'impuissance à une grande tristesse de voir un enfant mourir tranquillement. C'est difficile de voir la douleur dans les yeux des membres de la famille, juste avant la mort imminente d'un petit garçon.

Et c'est à la fois bouleversant et merveilleux d'assister au désir des parents de vivre et d'être heureux, malgré l'absence de leur fils.

Sylvie et Marielle étaient extraordinairement douces et sensibles, toujours présentes et capables de me guider dans la gamme des émotions que je ressentais. Je leur dis un gros merci pour tout le soutien qu'elles m'ont apporté chaque fois.

*

C'est à la suite de la mort de Roch que le livre *L'Art du bonheur* du dalaï-lama est venu me remuer et bousculer mes valeurs. Ce livre a eu sur moi l'effet d'une bombe, comme si on m'avait donné un coup de deux par quatre dans la face, mais avec amour! J'écoutais la version audio constamment en me déplaçant en voiture. *L'Art du bonheur* m'accompagnait partout et était devenu mon hymne à la vie.

Ce livre a la particularité d'identifier les causes de notre bonheur et de notre souffrance, de faire le tri entre ce qui nous rend heureux et ce qui nous rend malheureux. Je le lisais comme s'il avait été écrit juste pour moi.

C'est cet ouvrage qui m'a appris les notions de compassion que j'essaie de mettre en pratique depuis.

La mort de Cécile

Quelque temps après la mort de ma mère, mon père s'est remarié avec Cécile. Mais il n'a malheureusement pas pu vieillir avec cette femme adorable qu'il aimait tendrement, car, à peine dix ans plus tard, Cécile est décédée à son tour. Le pauvre homme est tombé de haut. Il était misérable à voir tellement il était triste. Sous le choc, marqué par l'épreuve épouvantable de voir son amour mourir devant lui, il a recommencé à boire pendant une courte période, après des années d'abstinence. Quand je l'ai vu dans cet état, j'ai ressenti beaucoup de compassion pour lui. Le regarder vivre sa peine me chagrinait encore plus.

Cependant, j'avais maintenant de précieux outils pour l'accompagner dans ce dur moment.

*

Le bouddhisme et plusieurs enseignements du dalaï-lama sont fondés sur la compassion. Plus je lisais sur ce sentiment, plus je voulais que ma vie en soit remplie. Lorsqu'on accompagne des personnes qui souffrent, on devient plus compatissant. C'est ce qui explique probablement que, malgré la tristesse que j'éprouvais moi-même, j'étais heureux d'être auprès de mon père, et je me sentais capable de l'aider de façon aimante et douce.

Durant cette période, mon père et moi nous parlions plus souvent. J'avais l'impression d'être habité par une immense énergie d'amour. J'ai découvert le bonheur d'accompagner cet homme, à la fois fragile et fort. Malgré sa peine et le fait que celle qu'il aimait lui manquait, il a réussi, une fois de plus, à revivre après la mort de son amour.

*

Au printemps 2002, je me suis séparé de mon épouse Josée après sept ans de mariage et j'ai commencé en même temps ma formation de bénévole accompagnant. Si je n'avais pas lu le livre du dalaï-lama, je ne sais pas comment j'aurais vécu cet épisode de ma vie. Encore une fois, *L'Art du bonheur* a été mon guide et mon soutien.

Dans les livres sur le bouddhisme, la méditation est vue comme un entraînement de l'esprit. Puisque je voulais apprendre à méditer, j'ai appelé mon amie Geneviève Angers, qui a beaucoup voyagé en Inde et en Asie. Elle m'a présenté sa mère, Gisèle Laberge, qui est bouddhiste.

Il y a des coïncidences parfois troublantes. Ma rencontre avec Gisèle en est une. Quand je l'ai vue pour la première fois, elle m'a demandé pourquoi je voulais méditer. Je lui ai expliqué mon désir de voir plus clair dans ma vie et de trouver un sens plus profond à mon existence. Je lui ai également parlé de mon intérêt pour l'accompagnement en fin de vie, de mon expérience inoubliable avec Isabelle Girard, des prises de conscience que cette jeune femme avait provoquées chez moi. Gisèle m'a alors révélé qu'elle avait aussi accompagné Isabelle.

Quel hasard, quand j'y pense ! Nous ne nous étions jamais croisés, mais nous étions liés par une personne exceptionnelle qui nous avait tous deux marqués de la même manière.

Gisèle est ainsi devenue non seulement mon instructrice de méditation, mais aussi une précieuse amie, une alliée dans mon cheminement spirituel.

Tout comme moi, elle fait de l'accompagnement en fin de vie depuis plusieurs années. Elle a même conçu un atelier intitulé « Une année à vivre ». J'ai participé à cet atelier de recueillement durant lequel nous apprenons qu'avoir conscience de la mort mène à une relation plus intime avec la vie et que cela nous met en contact, comme par magie, avec la source de sagesse puissante et naturelle qui sommeille en nous.

Gisèle, ma très chère et remarquable amie, merci de continuer à me guider, grâce à tes sages conseils, dans l'apprentissage de la méditation et du partage des enseignements bouddhistes, qui jouent actuellement un rôle important dans ma vie.

*

Grâce à ma démarche spirituelle, je me sens ainsi mieux outillé pour accompagner les familles qui se préparent à vivre un deuil. Je crois leur apporter un appui rassurant, apaisant, réconfortant, du moins c'est ce que je souhaite du plus profond de mon être. Je n'ai pas su quoi faire au chevet de ma mère, mais, aujourd'hui, je me rattrape, en quelque sorte. Je me sens plus ouvert, plus solide et habité par une bienveillante compassion.

J'offre aux enfants qui partent tout doucement et à leur famille en deuil ma sensibilité à leur souffrance et le meilleur de mon écoute. C'est peut-être bien peu, mais, comme disait mère Teresa : « Nous ne pouvons pas faire de grandes choses, seulement de petites choses avec beaucoup d'amour. »

Je participe aux compétitions internationales de bateaux-dragons.

Il fait une chaleur suffocante, même à l'ombre. Je sens la sueur qui dégouline sous ma combinaison de rameur. Presque quarante degrés, sans compter l'humidité.

Le soleil plombe malgré le smog épais qui recouvre la ville.

Ces derniers jours, tout comme mes partenaires de l'équipe masculine Mahjongg, je me suis un peu habitué à cette pesanteur, mais pas à l'odeur! J'ai toujours une petite nausée qui persiste.

Il faut dire que l'eau n'aide pas. Elle est d'un brun tirant sur le vert et houleuse comme c'est pas permis.

Il y a beaucoup d'équipes inscrites aux compétitions cette année. Trop.

Pour permettre à toutes les équipes de participer, les organisateurs du championnat ont eu la « brillante » idée de réduire un peu la largeur des corridors.

Ce n'est pas l'idéal étant donné la houle incessante dans le port de Hong Kong! Les paquebots qui passent au large font des vagues gigantesques et perpétuelles. On va faire avec. Pas le choix.

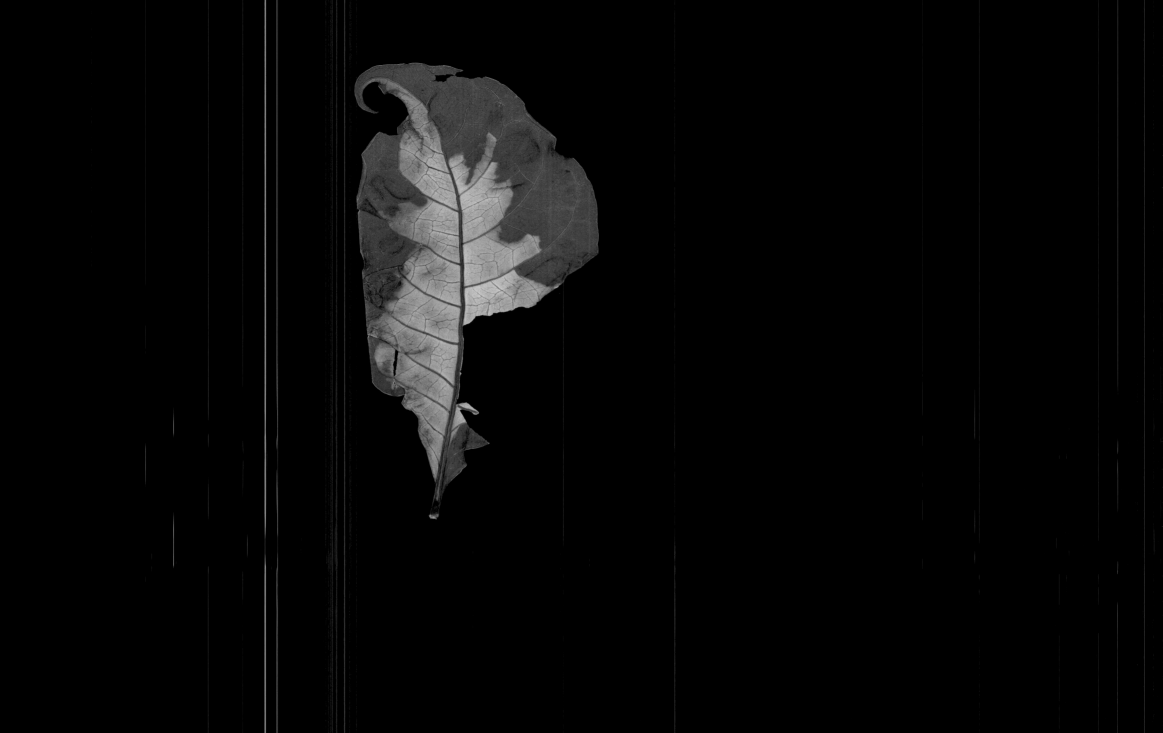

2

LES DOSSIERS OUVERTS

« Il n'est rien qui plus abatte le cœur d'un homme
que de hanter ou trop aimer les femmes. »

Marguerite de Navarre

J'aime les femmes. Trop.

Dans ma longue vie de célibataire, j'en ai rencontré beaucoup, toutes plus fascinantes les unes que les autres. Chaque fois, j'ai été totalement happé par elles, par leur regard, leurs courbes, leur sensualité. Je me suis pris dans leur toile comme un vulgaire moustique et j'avoue que je ne me suis pas débattu souvent pour me sortir de là.

L'une d'elles m'a marqué plus que les autres. Je l'appellerai Jessica.

Nos chemins se sont croisés un jour de décembre. À cette époque, elle était déjà une jeune mère de famille monoparentale d'un petit garçon de six mois à peine. Le papa, absent et plutôt malhabile dans son rôle de père, était instable et loin d'être fiable.

Encore en deuil d'une vie de famille rêvée, Jessica n'était pas prête à s'embarquer dans une nouvelle relation, pas plus que moi d'ailleurs. On partageait l'amour du sport. Nous étions très attirés l'un par l'autre. Il y avait une belle complicité entre nous. On se téléphonait ou on se textait – faut bien être de son temps ! – assez fréquemment et on se voyait aux deux ou trois semaines environ.

Le hic, c'est que j'étais le seul homme dans sa vie, alors que, de mon côté, je voyais d'autres femmes. Je n'arrivais pas à contrôler ce besoin que j'avais de séduire quand je le pouvais. Je recherchais constamment la sensation forte des premiers instants d'une passion amoureuse. En fait, j'avais et j'ai encore un problème de dépendance affective et sexuelle, bien que j'arrive maintenant à le maîtriser.

J'en ai beaucoup souffert au cours des dix dernières années, à tel point que j'ai senti le besoin de suivre une thérapie pour m'en sortir. Un jour, après quelques mois de consultation et une énième « pseudo » peine d'amour, Gilles, mon thérapeute, m'a dit : « C'est fini ! Tu coupes tout. Plus de fréquentations, plus de relations sexuelles, plus de maîtresses, plus rien ! On essaie ça jusqu'en septembre, donc pour six mois. Minimum ! »

Six mois ! C'était quasiment une sentence à perpétuité !

C'était dur au début, mais au bout d'un certain temps ça m'a plu. À vrai dire, j'étais même soulagé ! Je ne me réfugiais plus dans les bras de la première fille venue parce que je me sentais seul le vendredi soir. Simplement pour combler un vide affectif.

Je n'utilisais plus les femmes comme des bouées de sauvetage pour me sortir de la solitude. Je ne pensais plus seulement aux conquêtes et au sexe.

Pour la première fois depuis longtemps, je me sentais libre et bien, seul.

J'ai donc dû clarifier les choses avec Jessica et lui avouer qu'on ne serait dorénavant que des amis. Mais, malgré cette proposition d'amitié, pendant mon abstinence, je la gardais en réserve dans ma tête. Je lui disais : « Quand je serai prêt, c'est avec une femme comme toi que je veux être. » Ma raison me répétait qu'elle était une femme parfaite pour moi, mais mon cœur avait des doutes. Au plus profond de moi, je sentais que je me mentais. Avec le recul, je crois que ces paroles sonnaient faux autant pour elle que pour moi.

Dans le comportement des dépendants affectifs, il y a une forme de manipulation, de mensonge envers soi-même, qu'on retrouve aussi chez les alcooliques et les toxicomanes. On se garde des portes ouvertes. On se dit : « Je ne reprendrai plus d'alcool, je ne prendrai plus de drogue, je ne coucherai plus avec n'importe quelle fille. » Mais cette coupure draconienne fait peur. Après l'excès, l'abstinence est paniquante car le vide fait peur. Alors, pour se sécuriser, on laisse des « dossiers ouverts », au cas où. On se dit : « C'est pas grave si ça arrive ! » On minimise les conséquences négatives que l'on connaît trop bien. Quelle inconscience, quand même ! Fidèle à ce *pattern*, j'avais classé Jessica dans le dossier ouvert « Femme en *stand-by* ». Je la sentais amoureuse de moi, alors j'en profitais et ça me sécurisait. Je savais que cette femme serait là pour moi. Au cas où.

Malheureusement, je lui donnais de l'espoir.

Puis, pendant cette période d'abstinence, incapable de me limiter et encore enclin à laisser plusieurs portes ouvertes, j'ai laissé entrer une autre femme dans ma vie. Quand je l'ai annoncé à Jessica, elle en a été profondément blessée et peinée. Conséquence : elle a mis un terme à notre relation.

Pourtant, six mois plus tard, le hasard nous a réunis de nouveau. Par la force des choses, parce que nous pratiquions les mêmes sports et que nous nous entraînions dans les mêmes lieux, parce que notre attirance l'un pour l'autre était extrêmement forte, nous avons recommencé à nous fréquenter.

Je n'oublierai pas ce que la dépendance affective m'a fait vivre.

Un vendredi après-midi, j'ai reçu un coup de téléphone de Jessica. Elle m'a annoncé qu'elle était enceinte. Enceinte de moi.

Je me suis effondré.

Jessica avait maintenant en elle une petite vie, un enfant en devenir, parce que j'avais laissé des dossiers ouverts. Je ne m'étais pas écouté. Maudit !

Je n'avais pas d'affaire à renouer avec elle. Je savais qu'elle avait des sentiments amoureux très forts envers moi, mais ils n'étaient pas réciproques. Je n'avais rien à faire là ! J'avais gardé cette femme dans ma vie uniquement par égoïsme, seulement parce que j'avais peur d'être seul.

Déjà séparée, mère de famille monoparentale, elle ne voulait pas s'engager avec moi, un homme qu'elle aimait, mais qui l'avait déjà trompée avec une autre femme quelques mois auparavant. Elle savait que je ne l'aimais pas autant qu'elle m'aimait. Allait-elle s'embarquer avec quelqu'un qui risquait de la laisser en plan avec un deuxième enfant sur les bras ? Elle était déchirée et je l'étais tout autant. Je me sentais en grande partie responsable de sa peine et de sa déchirure morale. Cela m'attristait énormément... et m'affecte encore quand j'y repense.

J'ai mis une femme enceinte et elle a dû se faire avorter.

Avoir à discuter d'avortement avec Jessica me dérangeait profondément. J'étais extrêmement malheureux. J'étais dans un brouillard épais, complètement perdu. Mes valeurs étaient ébranlées. Je n'avais jamais vraiment pris position sur l'avortement. Je trouvais qu'il y avait des raisons valables de part et d'autre. Je pouvais comprendre qu'une femme veuille se faire avorter, mais je réalisais en même temps qu'il y avait une petite vie qui était en train de germer et que nous allions l'interrompre.

En tant que bouddhiste, j'étais troublé. Ces réflexions m'habitaient et je n'arrivais pas à me décider. Quand ça t'arrive à toi, la réponse est difficile à trouver. Le choix est quasi impossible à faire. Et pour Jessica, c'était pire. Elle avait déjà un fils. Elle connaissait le lien d'amour profond entre un parent et son enfant.

Ça fait mal de relater cet événement et d'avoir à repenser à ce moment qui m'a fait passer des nuits d'angoisse.

Je n'étais pas fier de moi, mais d'un commun accord, après quelques jours de réflexion, nous avons dit oui à l'avortement. C'était la décision qui allait provoquer le moins de remous dans nos vies. En nous projetant dans l'avenir, nous n'arrivions pas à entrevoir une belle vie pour nous et pour cet enfant. La raison l'a emporté.

J'ai ressenti beaucoup de compassion pour Jessica. Cet événement m'a fait réaliser à quel point mes pratiques sexuelles ont pu me faire vivre l'enfer. Faire l'amour avec des femmes dont je n'étais pas complètement amoureux était inutile et sans issue. Cela engendrait malaise et colère, et les problèmes s'additionnaient. Les femmes que je fréquentais, souvent plusieurs en même temps, étaient parfois jalouses et me le faisaient savoir. Quand l'extase et l'intensité du flirt, de la séduction et de la baise étaient passées, il ne me restait qu'un sentiment triste et amer que j'appelle «le néant post-coïtal».

La dépendance n'affecte pas seulement celui ou celle qui en souffre, mais, comme une pierre qu'on jette à l'eau, elle éclabousse, fait des vagues et atteint immanquablement les autres êtres qui gravitent autour de soi. Tous la subissent de façon directe ou indirecte. Je réalise qu'il y a des conséquences parfois graves à rechercher le *thrill* coûte que coûte. Je me suis retrouvé dans cet état des dizaines de fois et je ne veux plus revivre ça.

Il faut une brûlure profonde pour apprendre à ne plus jouer avec le feu. Je suis un gars passionné, intense, extrême. Il m'a fallu une «claque» comme l'avortement de Jessica pour me dire: «Hé, Jean-Marie, c'est bon, t'es pas stérile. Bravo! Maintenant que tu sais ça, combien de filles vas-tu mettre enceintes? Vas-tu collectionner les visites à la clinique? Est-ce le prix que tu es prêt à payer pour vivre des émotions fortes?»

Je venais d'avoir un énorme signal d'alarme. Il avait fallu que j'interrompe une vie pour me dire: «Tu dérapes, mon vieux! Tu es en train de perdre le contrôle!» En fait, ce n'était pas vraiment le contrôle que je perdais. On ne contrôle pas grand-chose. C'était plutôt la maîtrise de mes pulsions et de mes pensées. Il fallait que je les empêche de se transformer en avalanche et de m'emporter.

Aujourd'hui, grâce à la thérapie que je poursuis, je sais que si j'interromps le flot de mes pensées, tout va bien.

Si je brise l'élan et que je cesse d'alimenter une pensée pendant les quatre premières secondes, j'arrête l'obsession. Ça marche quand j'applique cette méthode! Si je veux que les conséquences soient différentes, il faut que j'intervienne dès l'origine de la pensée.

Comme le dit l'adage populaire: «Si je veux obtenir ce que je n'ai jamais obtenu, il faut que je fasse ce que je n'ai jamais fait.»

Ma démarche thérapeutique a pour but de m'aider à changer mes *patterns*. Et comme un entraînement sportif, je dois m'y plier pour réussir.

Je dois donc créer une habitude de vie qui m'apporte du positif à court et à long terme. Plus je vais m'engager dans des activités et des projets sains, plus je vais être en paix avec moi-même et moins je vais chercher sans arrêt, comme une poule pas de tête, à combler mes vides affectifs.

Mon thérapeute m'a dit: «Comment veux-tu attirer à toi la femme de ta vie si tu te gardes toujours des portes et des dossiers ouverts? Pourquoi n'as-tu jamais connecté avec une fille? C'est simple, t'étais pas connectable!»

Grâce à Gilles et à ma thérapie, j'ai récemment fait une découverte qui a complètement illuminé mes réflexions. Combien de fois me suis-je dit lorsque mon cœur battait pour une fille : « Avec cette prochaine conquête, mes problèmes seront réglés. Je vais enfin me caser. C'est elle, la future femme de ma vie, je le sens, je le crois. Et avec elle, les autres femmes, c'est fini ! Enfin… je l'espère ! » ?

Mon besoin de séduire et d'être aimé par toutes ces femmes est directement lié à un manque dans mon enfance : je n'ai pas été aimé par ma mère comme je l'aurais souhaité, avec des marques de tendresse, d'affection, des « je t'aime » et des câlins. J'avais un besoin physique d'être aimé, d'être rassuré par l'amour tendre et maternant d'une maman.

Ma mère ne me câlinait pas, elle manifestait plutôt son amour et sa tendresse par des gestes concrets : en faisant la bouffe, en achetant nos vêtements, en s'occupant de nos besoins matériels. Elle disait : « Maman vous aime… Maman fait des sacrifices… Maman fait… » Elle parlait d'elle à la troisième personne !

Elle pensait constamment à la meilleure façon qui soit pour aménager notre espace de vie. Avoir une belle grande maison, c'était important pour elle. De même que de nous offrir la sécurité et la stabilité, à sa manière, comme elle pensait le faire selon son éducation, ses modèles.

Mais, surtout, j'étais important pour elle. J'étais son seul fils. Elle me traitait en prince. J'avais des passe-droits, des attentions et des permissions spéciales, des gâteries et des cadeaux que mes sœurs n'avaient pas. Maman me faisait sentir tellement unique et important pour elle.

J'étais *son* fils, sa fierté. J'en étais totalement inconscient, jusqu'au moment où elle est décédée, à quarante-neuf ans.

Comme le disait Pam Brown : « L'amour d'une mère, c'est comme l'air : c'est tellement banal qu'on ne le remarque même pas. Jusqu'à ce qu'on en manque. » À partir de ce moment, j'ai ressenti un immense vide que je n'ai jamais réussi à combler. Aucune femme non plus.

Au fond, dans presque toutes mes relations, j'ai toujours recherché une mère, une femme qui ferait de moi le centre de son univers. Qui me sauverait, remplirait mon trou noir affectif et prendrait soin de moi. Et je voulais tout faire pour y arriver.

Vous pouvez imaginer, si tel était mon but, tout ce que j'ai pu faire pour me faire aimer !

Séduire, attirer l'attention de l'autre, lui donner l'impression qu'elle est la plus belle et la plus désirable femme du monde. Lui faire l'amour comme si c'était la première et dernière fois de sa vie. Non, mais quel narcissique don Juan, quel séducteur !

Mais combien de fois me suis-je finalement dit : « *Fuck*, c'est pas elle ! C'est pas ce que je veux réellement. Je ne suis pas prêt au fond. J'aime baiser avec elle, mais j'ai pas envie de faire ma vie avec ! Estie, j'suis encore dans la merde. Faut lui dire astheure. Après qu'elle s'est donnée et attachée à moi… Maudit trou d'cul, Lapointe ! » ?

À force de répéter ces comportements, j'en suis arrivé à penser que j'avais peut-être (!) un problème de dépendance affective et sexuelle.

Imaginez lorsqu'une de ces filles tombe enceinte !

Bref, en matière de relations amoureuses, je n'ai rien construit depuis trop longtemps.

J'ai cherché ou plutôt privilégié la *sensation* plutôt que la *relation*; il est impossible de se baigner au même moment dans un lac calme et dans un tsunami! Pourtant, j'aime bâtir, rassembler, faire du bien, créer de l'harmonie, aider les autres.

Quel contraste entre mes comportements malsains et cette citation de Gandhi qui dit que le bonheur arrive quand nos pensées, nos paroles et nos actions sont en harmonie. C'est ce à quoi j'aspire du plus profond de mon être. Et, lorsque je m'y conforme, ma vie est riche et pleine de sens.

Mais, pour le moment, je souffre d'une dépendance et j'essaie de ne pas me taper sur la tête. Mon médecin m'a dit: «Il faut que tu te pardonnes. Tu es malade!» En tout cas, je rame fort en maudit pour ramener l'équilibre dans ma vie. Je ne veux plus nourrir mes obsessions. Lorsque je repense à la souffrance liée à mes comportements nocifs et ce que l'avortement de Jessica m'a fait vivre, j'en ai des frissons!

Tel un mantra, quand on se rappelle quotidiennement la peine qu'on a eue et celle qu'on a causée aux autres, on est moins porté à recommencer et à refaire la même erreur.

Il faut que je me souvienne, que je n'oublie pas. Ce sont des mots forts.

J'envisage toujours la possibilité d'avoir des enfants. Quand j'étais avec Josée, j'aurais pu former une famille, devenir père, mais le projet a échoué.

Je suis peut-être idéaliste, mais même à quarante-sept ans, je n'ai jamais abdiqué ni abandonné le rêve de rencontrer la femme que j'aimerai et avec qui j'aurai des enfants.

Jean-Pierre Chiasson, le fondateur de la clinique Nouveau Départ, me le dit souvent: «La meilleure façon de te confesser, c'est de ne pas recommencer.»

Eh bien, je me confesse quand même aujourd'hui.

Pardonne-moi, Jessica.

Et toi, cet enfant qui n'a pas pu naître, sache que nos âmes se retrouveront. Je ferai alors tout ce qui est en mon pouvoir pour que tu connaisses le bonheur grâce à mon amour. Je te le promets.

S'il te plaît, si tu le veux, reviens dans ma vie un jour.

Plusieurs équipes occupent déjà leur corridor. Les Tchèques et les Chinois sont à battre. Ils ont remporté pratiquement toutes les médailles au dernier championnat du monde.
On va leur donner du fil à retordre, c'est promis !

*

J'ai la gorge serrée et le cœur qui bat fort.
C'est un stress que j'aime, celui qui me submerge juste avant le départ.
Je me sens prêt. Fébrile. Sur le qui-vive. Je visualise plusieurs fois le trajet dans ma tête. L'objectif est clair : franchir deux cents mètres en un temps record et se qualifier pour passer directement en grande finale. Je sais que tous mes coéquipiers sont dans le même état que moi, prêts à bondir. Je tiens ma pagaie fermement.
J'attends !

*

*Ils ont réduit la largeur des corridors. Je sens
toutes les autres équipes plus près qu'elles le sont
normalement…
Un tout petit brin d'inquiétude monte en moi. Je le
laisse passer. Je dois rester zen.
Ne pas en faire de cas. C'est sans importance.
Je jette un coup d'œil à nos voisins. L'équipe de Manille.
Ils sont sérieux, graves même. J'esquisse un sourire.
C'est un jeu, mais c'est fou à quel point on se prend
au sérieux !*

3

S'EN ALLER TOUT DOUCEMENT

« Un seul être vous manque,
et tout est dépeuplé. »
Alphonse de Lamartine

Un beau jour de l'automne 2010, je naviguais sur Facebook quand j'ai reçu un message de mon amie Katya, qui m'écrivait ceci :

Bonjour Jean-Marie, je sais que tu as un très large réseau de connaissances et c'est pourquoi j'ai eu l'idée de t'écrire. Je suis en contact avec une jeune fille extraordinaire qui est atteinte d'un cancer. Elle vient tout juste d'avoir quatorze ans et ses traitements récents n'ont rien donné, malheureusement. Elle a créé le Fonds Espoir en association avec la Fondation Sainte-Justine et aurait besoin d'aide pour le faire connaître davantage. Accepterais-tu de partager sa page Facebook avec ton réseau pour l'aider à ramasser des fonds ?

J'ai visité la page de Joanna Comtois et lu son histoire. J'ai tout de suite eu envie de faire quelque chose pour elle. À vrai dire, il aurait été impossible de faire autrement.

Jusqu'à l'âge de huit ans, Joanna était une enfant comme les autres, insouciante et joyeuse. En jouant avec une amie, elle a senti une bosse sous son bras. Un peu inquiète, elle en a glissé un mot à sa mère, qui l'a calmée et lui a dit que ce n'était sûrement pas très grave : « C'est peut-être un kyste. Mais il vaut mieux en avoir le cœur net. »

Au CHU Sainte-Justine, le diagnostic est tombé comme une bombe : il s'agissait du sarcome d'Ewing, une forme de cancer des os qui atteint surtout les enfants et les jeunes adultes, et qui touche trois personnes sur un million par année. Joanna, sa mère, son père et ses deux jeunes frères étaient désespérés. Après avoir versé toutes les larmes de leur corps, ils s'en sont remis aux spécialistes de Sainte-Justine. La famille vivait d'espoir pendant que Joanna se pliait aux exigences des traitements qu'on lui prescrivait.

Joanna a subi une intervention chirurgicale et des traitements de chimiothérapie qui se sont avérés efficaces pour contrôler la tumeur. Après de nombreux tests, les médecins ont constaté que la maladie semblait avoir disparu. Tous les examens étaient encourageants.

La vie d'enfant de Joanna a repris son cours. Elle oubliait presque ce fâcheux épisode qui l'avait affaiblie et lui avait fait perdre ses cheveux.

Mais, trois ans plus tard, la tumeur est revenue. Joanna s'est effondrée et, avec elle, tous les membres de sa famille. Le plus affecté a été son père, Sylvain.

Neuf mois plus tard, dans un geste ultime de désespoir et souffrant de dépression, il a mis fin à ses jours. Il est difficile d'imaginer le choc énorme qu'a subi Joanna en perdant son père, qu'elle adorait. Obligée de recommencer tous les traitements, affaiblie et maintenant en deuil de l'être qu'elle aimait le plus au monde, elle a perdu le goût de vivre. Elle a pleuré sans arrêt pendant près de deux mois et, durant cette période de profonde tristesse, sa tumeur a doublé de volume.

Heureusement, comme elle était suivie de près à l'hôpital, le personnel l'a accompagnée dans son deuil. Progressivement, son moral est remonté. Sa mère, toujours à ses côtés, l'a encouragée à reprendre le flambeau et à se battre. Pour Joanna, l'idée de faire vivre un deuxième deuil à sa mère et à ses petits frères lui était insupportable. Alors elle s'est ressaisie et s'est donné un but : créer une fondation qui amasserait des fonds pour la recherche sur le cancer. Si la recherche n'arrivait pas à la sauver, elle, elle réussirait peut-être à sauver d'autres enfants. Il fallait trouver des traitements efficaces et Joanna voulait contribuer à leur découverte.

*

En lisant son histoire sur sa page Facebook, j'ai éprouvé une très grande tristesse mêlée de compassion. Puis j'ai senti monter en moi le désir très fort de lui venir en aide. Il fallait que je fasse quelque chose pour cette enfant. Il le fallait absolument. C'était plus fort que moi. Je devais trouver un moyen pour la rencontrer. Joanna était trop extraordinaire pour qu'elle passe à côté de ma vie.

Je ne voulais pas limiter mon aide au partage de sa page Facebook. Je pouvais faire beaucoup plus. Mais quoi ? Je l'ai donc contactée sur Facebook et on a commencé à discuter :

— Joanna, dis-moi comment faire pour te rencontrer. As-tu une idée ?

— Bien, je vais souvent à Sainte-Justine pour mes traitements.

— Moi, j'habite à côté. On pourrait se voir là ? Ou encore mieux ! Dans quelques semaines, c'est la fête de Noël de Leucan, qui réunit tous les enfants à qui cet organisme est venu en aide. Rencontrons-nous là-bas. J'y serai comme bénévole.

Justement, elle avait l'intention d'y aller avec ses frères et sa mère.

*

Je me souviendrai toujours de cette première fois où j'ai vu de loin ce petit bout de femme. Je la distinguais à peine, mais j'étais déjà captivé. Mon regard s'est posé sur elle et était incapable de s'en détacher. Elle avait perdu ses cheveux, mais un petit duvet repoussait. Elle rayonnait. Lumineuse, elle faisait fondre tout le monde autour d'elle. Elle avançait dans la foule, toute menue avec ses beaux grands yeux bleus, qu'elle avait maquillés pour les mettre en valeur, et son sourire fascinant.

Je me suis approché d'elle :

— Allô, Joanna, comment ça va ? C'est moi, Jean-Marie.

Et la magie a opéré. Je l'ai regardée droit dans les yeux et je lui ai dit :

— Je veux t'aider, mais je n'ai aucune idée de ce que je pourrais faire. Je suis touché par ton histoire et ta façon d'être. Je te trouve absolument fabuleuse.

J'étais très ému, impressionné par sa force et sa détermination. Tellement que j'avais le cœur rempli de papillons. Je n'arrivais pas à contrôler le trop-plein d'émotions qu'elle me faisait vivre. J'ai su plus tard qu'elle m'avait trouvé « très, très intense » !

Par la suite, chaque fois qu'elle allait à l'hôpital pour ses traitements, je venais la voir. On se donnait rendez-vous et, après, on allait manger chez Saint-Hubert ou on restait dans sa chambre pour placoter un peu.

Je passais beaucoup de temps avec elle et sa mère, Natacha, à tel point qu'au début de notre relation elles éprouvaient un certain malaise. Elles avaient peur de me déranger. J'ai dû mettre les choses au clair avec elles pour leur faire comprendre que ça me faisait plaisir de leur tenir compagnie et, surtout, qu'elles n'avaient pas à se sentir mal. C'était mon choix. Je venais parce que ça me faisait du bien d'être auprès de Joanna.

Le message a passé et Joanna s'est mise à m'appeler parfois deux fois par jour pour me demander de venir la voir. Quel plaisir pour moi quand j'entendais sa petite voix au téléphone ! Je me sentais utile, ce que je n'avais pas souvent ressenti dans ma vie.

*

En très peu de temps, nous avons créé un lien authentique qui s'est développé de façon bien originale. J'ai accompagné beaucoup de gens, mais jamais je n'ai vécu quelque chose d'aussi intime et d'aussi fort.

Notre relation était très particulière.

Elle avait quatorze ans. Moi, j'avais l'âge de son père. Il était décédé alors qu'elle avait énormément besoin de sa présence. Est-ce que je le remplaçais à ses yeux ?

Pour moi, elle représentait la fille que j'aurais voulu avoir. Elle arrivait dans ma vie alors que je m'égarais avec les femmes. Joanna donnait un nouveau sens à mon existence. C'était un peu comme si je devenais père. Du coup, je me sentais responsable de cette enfant. Je l'avoue, j'ai eu cet élan paternel pour elle et j'en ai fait une priorité dans ma vie.

En même temps, elle me trouvait donc beau et fin ! Je crois qu'elle aurait aimé que je sois son amoureux.

— Céline et René forment bien un couple et elle est beaucoup plus jeune que lui, non ? me disait-elle.

J'étais son prince charmant et elle était ma princesse. On s'amusait à ce jeu devant sa mère, de façon bien inoffensive. J'étais aussi parfois son grand frère, celui à qui elle disait tout, à qui elle se confiait. En fait, pour elle, j'occupais trois rôles indéfinis et tous très importants, je pense.

Quand son état a empiré et qu'elle a dû être hospitalisée, j'ai passé de nombreuses soirées à l'hôpital, jusqu'à la fin, en février 2011.

Je nous revois, tous les trois, assis sur son petit lit, Joanna au centre, Natacha d'un côté et moi de l'autre. On parlait de tout : de la vie après la vie, de la réincarnation, de la peur de mourir. On parlait de son père, de l'amour qu'elle éprouvait pour lui et de la confiance qu'elle avait de le retrouver quand viendrait son tour. Je sais que cette pensée l'aidait un peu à faire face à la mort. Elle répétait souvent qu'elle ne voulait pas mourir, car elle avait trop de projets, trop de choses à faire encore. Elle était extrêmement lucide. Elle savait que son cancer progressait. Qu'elle ne guérirait pas. Alors elle faisait des projets à court terme. Elle se fixait de petits objectifs faciles à atteindre et elle se disait : « Joanna, tu as ça à faire, tu dois être en forme ! »

Certains soirs, il nous arrivait aussi de ne rien dire, de regarder un film à la télé pendant qu'elle s'endormait, toujours confiante, entre sa mère et moi. Je la sentais bien. Je pense qu'elle était heureuse qu'on forme cette belle équipe. Ma présence la rassurait... peut-être parce qu'elle réconfortait aussi sa mère.

*

Quelques mois auparavant, en décembre 2010, j'ai dîné avec Lyne Denault, la grande patronne de Canal Vie avec qui j'avais travaillé à quelques reprises. C'était un lunch amical pendant lequel on a discuté de travail et de mes projets. Je lui ai parlé du bénévolat que je faisais, de la jeune fille que j'accompagnais à ce moment-là, Joanna Comtois.

Elle m'a dit :

— Mais je la connais ! Elle a été invitée à l'émission de Manon Leblanc. On a rénové chez elle !

Elle m'a demandé de ses nouvelles. Je lui ai dit que ça n'allait pas bien, que son cancer était revenu, mais sans donner plus de détails.

Peu après les fêtes, Lyne a regardé une entrevue de Joanna à l'émission de Denis Lévesque. Elle a été profondément fascinée par elle, ébranlée, comme toutes les personnes qui la voyaient et la fréquentaient. Pourquoi nous impressionnait-elle tant, cette enfant ? Pourquoi le public l'aimait-il autant ? Elle avait la maturité d'une adulte dans un corps d'enfant. Sa volonté et sa détermination captivaient tout le monde. Elle avait décidé de recueillir le plus d'argent possible pour le Fonds Espoir. Le faire connaître était devenu son but premier.

Elle avait choisi ce nom en pensant aux enfants qui souffraient et aux personnes qui avaient la cause à cœur, pour qui le mot *espoir* aurait énormément de sens. Pour amasser de l'argent, elle avait produit un CD de chansons, participé au défilé Mode et Design et accepté d'être interviewée par Denis Lévesque. Bref, Joanna avait une certaine notoriété, ce qui a donné à Lyne l'idée de faire un documentaire sur elle.

C'est à ce moment qu'elle m'a contacté.

Il fallait toutefois que j'en parle à Natacha et à Joanna. Accepteraient-elles de dévoiler leur intimité ? Je me posais sérieusement la question et j'appréhendais leur réponse.

— Natacha et Joanna, je voudrais vous demander quelque chose et je veux que vous vous sentiez bien à l'aise de refuser. Accepteriez-vous que l'on fasse un documentaire sur toi, Joanna ? Je viendrais te voir et on parlerait ensemble, tout naturellement, comme on le fait chaque jour depuis qu'on se connaît, mais devant un caméraman discret.

Les deux se sont regardées et ont d'abord hésité.

Puis Joanna, avec l'accord et la complicité de sa maman, s'est ravisée.

— Oui, m'a-t-elle dit, je pense qu'on pourrait faire ce film pour la fondation, pour que le public soit conscient de ce que vivent les enfants atteints d'un cancer, pour qu'il se sente interpellé et qu'il veuille donner pour la recherche. Je veux bien faire ce documentaire, Jean-Marie. C'est une belle idée. Ça va nous servir de levier...

Et moi, je pensais qu'il y aurait ainsi un « après Joanna ». Un souvenir vivant qui allait témoigner de sa vie et de sa mission.

Mais il fallait faire vite, car les jours de Joanna étaient comptés.

Nous avons amorcé et terminé rapidement le tournage. C'était peu de temps avant sa mort.

*

Le 15 février, je me suis rendu à l'hôpital, comme d'habitude. J'y suis resté quelques heures. Natacha enlaçait sa fille. Elles ne pouvaient pas être plus proches. La respiration de Joanna devenait plus difficile, ses mouvements étaient plus lourds et plus lents. Tranquillement, elle s'en allait. Tout doucement.

À 23 heures, Joanna avait beaucoup de difficulté à respirer. Elle était dans un état semi-comateux, donc peu consciente.

J'ai demandé à Natacha si elle souhaitait que je reste. Elle le voulait, je pense, mais n'osait pas me le demander, de peur de me déranger. Je sentais son ambivalence. Moi, j'avais le sentiment qu'il fallait que je les laisse ensemble, seule à seule, la mère et la fille, les inséparables. Elles avaient vécu tellement de choses à deux que c'était tout à fait naturel qu'elles soient ensemble pendant ce moment si unique, si intime.

Celle qui, quatorze ans plus tôt, avait permis à sa petite fille extraordinaire de prendre son premier souffle de vie l'accompagnait maintenant jusqu'à son dernier.

Je suis sorti de la chambre et j'ai quitté l'hôpital, un nœud dans la gorge et les larmes aux yeux. Quelques heures après, quand j'ai ouvert mon cellulaire, que j'avais malencontreusement fermé, j'ai vu que Natacha m'avait appelé. J'avais raté l'appel.

Joanna était décédée.

Plus tard, Natacha m'a raconté que Joanna s'était assise dans son lit, apeurée, et qu'elle avait dû la serrer très fort contre elle pour l'apaiser. Pauvre maman ! Son épreuve a dû être terrible. J'aurais peut-être pu la réconforter… peut-être pas non plus. Je ne le sais pas.

*

Avec tous les documents d'archives, les entrevues, les défilés et les témoignages, nous avons pu faire un documentaire qui, je l'espère, a touché ceux et celles qui l'ont visionné.

Il y a autre chose que je tiens à raconter.

Quand mon amie Katya m'a demandé de partager la page Facebook de Joanna, elle m'a dit que celle-ci rêvait de chanter avec Céline une chanson écrite par Roger Tabra. Katya avait écrit au responsable de la maison de gérance de Céline et de René, mais n'avait pas eu de réponse. Il reçoit tellement de demandes de toutes sortes !

Je lui ai dit :

— Laisse-moi en parler à mon père. C'est un bon ami de René. Je ne te garantis rien, mais je vais tout faire pour que le projet se retrouve sur le dessus de la pile.

J'ai donc pris le téléphone et j'ai appelé mon père :

— Papa, si t'as besoin de parler à René Angélil, qu'est-ce que tu fais ?

— Je l'appelle.

— Parfait ! J'ai un projet…

Et je me suis mis à lui raconter l'histoire de Joanna, sa maladie, la mort de son père, la fondation qu'elle a créée, sa volonté incroyable…

Touché, mon père m'a dit :

— Écoute, je sais qu'ils sont en Floride en ce moment. C'est impossible de les joindre. Appelle René Noël au *Club de golf Le Mirage*, c'est lui le grand patron et il est très proche de René. C'est certain qu'il va t'aider.

J'ai communiqué avec le monsieur en question et je lui ai envoyé le projet de chanson, avec l'histoire de Joanna et du Fonds Espoir.

Une semaine plus tard, René Noël m'a appelé et m'a dit :

— Salut, Jean-Marie. Céline et René ont la chanson entre les mains. Je te promets qu'ils vont t'en reparler rapidement. Sois sans crainte, mon cher!

Yes! J'ai senti une joie immense monter en moi. Il ne restait plus qu'à me croiser les doigts pour que Céline accepte de chanter avec Joanna.

Un peu plus tard, alors que je ne m'y attendais pas du tout, j'ai reçu un appel de René Angélil.

— Allô, Jean-Marie, comment vas-tu? Écoute, Céline et moi, on est à l'extérieur du pays présentement. Comme tu le sais, la cause de Céline, c'est la fibrose kystique, elle ne pourra donc malheureusement pas faire la chanson en duo avec Joanna pour sa fondation. Mais on a été touchés par son histoire, alors on va faire un don, c'est sûr!

Ils ont fait un don très important, qui a permis au Fonds Espoir d'atteindre le cap des 100 000 dollars amassés… Et ça ne s'est pas arrêté là.

— On va l'appeler, la petite, m'a dit René. Mais parle-lui avant pour l'avertir parce que tout le monde m'imite et elle risque de croire que c'est un farceur.

C'était merveilleux! Fantastique! Inespéré même!

Céline, René et Joanna ont échangé au moins une bonne demi-heure au téléphone.

Comme dans le cas de Timothée[2] et de Wilson, deux jeunes que j'ai accompagnés, mon réseau a servi à faire du bien. Sans mon père et ses bons contacts, jamais Joanna n'aurait pu discuter avec Céline et René.

---

2.   L'histoire de Timothée-Gabriel est racontée à la page 99.

Les médias l'ont su, évidemment. Joanna était capable de faire bouger les choses, de rallier les gens à sa cause… même des personnalités aussi connues que René et Céline.

*

Aujourd'hui, je suis fier de dire que je suis vice-président du Fonds Espoir et que Natacha en est la présidente. En février 2014, une collecte de fonds à l'image de Joanna aura lieu ; une belle soirée de filles avec Mariloup Wolfe comme porte-parole.

*

À ce jour, le Fonds Espoir a amassé plus de 250 000 dollars. Comme il n'y a aucuns frais d'administration, tout l'argent sera versé à la Fondation CHU Sainte-Justine qui, elle, l'allouera à la recherche.

Je me suis engagé envers Joanna comme rarement je l'ai fait dans ma vie. Après son décès, j'ai braillé pendant plusieurs jours, et il m'arrive encore de pleurer quand je pense à elle.

Le nom de Joanna est tatoué sur mon cœur. J'aime repenser à sa volonté imbattable et aux paroles qu'elle se disait à elle-même pour s'encourager. Ses mots continuent de m'inspirer quotidiennement.

J'ai des baisses de moral assez souvent, mais la plupart du temps c'est ma mère qui me remonte. Elle me prend dans ses bras et elle me console. Ça fait du bien de pleurer, des fois. Moi, quand j'ai le goût de pleurer, je pleure. On pleure ensemble, elle et moi, pis à un moment donné ça finit, on se fait un câlin, pis let's go, *on repart!*

*

Joanna avait une grande peur. Celle d'être oubliée.

Joanna, si je pouvais te parler en ce moment et te rassurer, voici ce que je te dirais:

« Nous n'habitons pas des régions. Nous n'habitons même pas la terre. Le cœur de ceux que nous aimons est notre vraie demeure[3]. »

---

3.   Christian Bobin, *La Plus que vive*, Gallimard, coll. « L'un et l'autre », 1996, p. 70.

Je pousse avec mes bras, je donne des coups avec mes
    pieds.
L'eau est trop lourde pour les forces qu'il me reste.
Je continue de couler ou je fais du surplace, je ne sais
    trop.
Comment savoir dans cette eau opaque qui me fait
    perdre mes repères ?

Je disparais tout doucement.
Les autres ont-ils conscience que je ne suis plus là ? Me
    cherchent-ils ?
Hé ! Je suis ici ! VENEZ ME CHERCHER,
CRISSE !!!

4

LE DÉFI SPORTIF ALTERGO : MON DÉFI

« Tout seul, on va plus vite. Ensemble, on va plus loin. »
Proverbe africain

D ans une autre vie, j'ai coanimé *Les Fils à papa* à TQS avec Érick Rémy. C'était un talk-show simple et sympathique, axé sur le domaine culturel et l'actualité. Je devais interviewer des personnalités du milieu du spectacle ou de la télévision, parler du monde artistique et des divers événements qui se produisaient sur les scènes montréalaise et québécoise. C'est à cette occasion que j'ai rencontré les responsables et les porte-parole du Défi sportif AlterGo.

C'était la première fois que j'entendais parler d'eux.

Cet événement extraordinaire a été créé il y a trente ans par une femme qui l'est tout autant : Monique Lefebvre. Ses deux parents étaient handicapés. Quand, petite, elle faisait l'épicerie avec eux, elle trouvait bizarre que des gens leur donnent de l'argent. Les passants éprouvaient de la pitié pour eux alors qu'ils n'en avaient pas du tout besoin. Elle sentait trop souvent que sa famille était jugée. Elle a donc voulu changer les mentalités et, par ricochet, la vie des personnes ayant une limitation ou un handicap, pour leur donner l'envie de bouger ou de faire du sport, pour ainsi leur rendre leur dignité et leur fierté !

*

Plusieurs personnalités connues ont été porte-parole de cet organisme depuis sa création : Chantal Petitclerc, qui est toujours en poste, Debra Arbec, Jean-Pierre Coallier et Yvon Deschamps, entre autres. Peu après ma rencontre à TQS avec les organisateurs de l'événement, ceux-ci m'ont approché pour que je devienne porte-parole à mon tour. J'ai bien évidemment dit oui. Je faisais déjà de l'accompagnement en fin de vie depuis un certain temps, mais le Défi sportif AlterGo (DSA) m'intéressait beaucoup. Et comme j'aimais être dans le feu de l'action et que j'étais naturellement attiré par les épreuves sportives, c'était une cause parfaite pour moi.

Je me suis donc engagé sans trop savoir ce qui m'attendait. Mis à part mon ami Martin, un brillant garçon en fauteuil roulant que j'avais fréquenté à l'époque du collège, je ne connaissais pratiquement aucune personne ayant des handicaps ou des limitations.

J'étais très loin de me douter que mon bénévolat au DSA allait changer mes valeurs à ce point. Grâce à cette expérience, je ne regarderai plus jamais une personne handicapée de la même façon, ni aucun être humain d'ailleurs. Cet événement m'a littéralement soufflé. C'est comme si j'avais débarqué sur une autre planète, la planète de la différence.

Pour commencer, j'ai suivi la formation des bénévoles. J'ai aussi rencontré quinze athlètes de quinze disciplines différentes qui jouaient le rôle d'ambassadeurs du DSA. Tous les ans, ils se retrouvaient sur les publicités officielles.

J'ai également visionné les archives du Défi et j'ai stocké dans ma tête un nombre important d'informations afin de pouvoir mieux les communiquer aux médias en temps opportun. Au début, quand je parlais de la cause aux journalistes, j'avais l'impression d'être en train de décrire une excursion de plongée sous-marine dans les Caraïbes en dépeignant les algues, les poissons multicolores, la couleur de l'eau, sans jamais avoir fait de plongée moi-même.

J'avais reçu toute l'information nécessaire, mais je ne savais pas encore ce qu'était vraiment le Défi sportif. Puis, lors d'une soirée pour les athlètes ambassadeurs, Jonathan est arrivé... Ça m'a brassé énormément.

Au départ, j'étais complètement pris au dépourvu. Je ne savais pas comment me comporter avec les personnes vivant avec une déficience intellectuelle, touchées par la maladie mentale ou lourdement handicapées physiquement. Je me retrouvais subitement à côté de gens qui ne disaient pas un traître mot, qui bavaient et gesticulaient sans aucun contrôle, qui n'entendaient rien. Bref, j'étais assez mal à l'aise, merci ! Je n'étais pas du tout dans ma zone de confort. Je parlais vite, fort, je ne savais pas quoi dire. J'étais porte-parole de l'événement, mais estie que ça allait mal!

Parmi ces athlètes, il y avait Jonathan, dix-sept ans. C'est ce gars-là, ayant la trisomie 21, qui m'a apprivoisé et m'a aidé à mieux me sentir. Personne ne sera surpris si je dis qu'un des traits de personnalité des gens ayant la trisomie 21 est la spontanéité. Ce sont des êtres qui n'ont pas de filtre. Ils disent tout haut ce qu'ils pensent, ou presque!

Grâce à ma démarche bouddhiste, j'aspire à la vérité. Ma spiritualité m'amène à me libérer du superflu pour être le plus vrai possible. Et là, je me suis retrouvé devant Jonathan, le guide de l'authentique.

Quand il m'a vu, il m'a tout de suite reconnu.

— Ah! C'est Jean-Marie Lapointe! Allô, Jean-Marie!

Il s'est approché de moi et m'a fait un «énorme de gros câlin»! C'est sûr que ça surprend un peu venant d'un étranger, mais son geste m'a tellement fait de bien que j'ai adopté Jonathan d'emblée. C'est un enfant au cœur pur. Il m'a gagné en étant juste lui-même. La trisomie 21 de Jonathan est assez légère, alors je peux avoir avec lui des conversations sur plein de sujets. Les premiers jours, je me suis retrouvé avec lui et ses amis ayant une déficience intellectuelle. Je me sentais bien: je pouvais faire des farces complètement idiotes et ça les faisait rire. Avec eux, je retrouvais mon âme d'enfant. Je cessais de me préoccuper de ce que les autres pensaient. Je n'avais pas peur du ridicule.

Jonathan, sans le savoir, a fait en sorte que mon entrée dans le monde des personnes handicapées se fasse tout en douceur. Il m'a fait des câlins à la tonne! De vrais câlins de nounours... Ça ne se refuse pas. Pourquoi dirais-je non à l'amour?

J'ai aussi développé un lien avec sa famille. Je suis toujours invité à ses anniversaires. Quand je vais le visiter, ses parents me remercient d'être «fin» avec lui. Mais ils n'ont rien compris! Je le fais pour moi. Oui, je lui fais du bien, mais j'ai l'impression que c'est inégal. Ce qu'il me donne pèse plus lourd dans la balance. Recevoir une tonne d'amour sans l'avoir demandé, être accueilli à bras ouverts, être accepté totalement sans jugement, être admiré pour qui je suis et non pour ce que je fais dans la vie, bien peu de gens ont l'occasion de vivre tout ça. Je me considère comme extrêmement privilégié.

Grâce au DSA, Jonathan et moi serons toujours des amis!

*

Pendant les sept petites journées que dure le Défi sportif AlterGo, la différence devient la norme. Tous les autres jours de l'année, à cause de leur handicap, ces gens-là sont pointés du doigt. Mais au Défi, ils deviennent des héros. Au lieu d'être tassés par la société, ils sont célébrés, félicités, honorés et même médaillés.

Au Défi, il y a des personnes de tous les âges, avec toutes sortes de handicaps ou de limitations: des enfants qui pratiquent des sports scolaires dans des écoles spécialisées; des jeunes de cinq à vingt et un ans qui font des compétitions de gymnastique rythmique, de soccer, de natation, d'athlétisme, de volley-ball, de basket-ball et de boccia en fauteuil roulant ; des victimes d'accidents de la route ou des personnes ayant un TCC (traumatisme cranio-cérébral)… Et il y a aussi les pros, les Chantal Petitclerc de ce monde. Ils sont tous là ! La relève côtoie l'élite. C'est un événement unique !

Au cours de mes douze années d'implication au sein du DSA, j'ai appris à être plus à l'aise avec la déficience et les handicaps. En plus de Jonathan, j'ai rencontré d'autres personnes qui m'ont aidé à m'intégrer dans cette réalité. L'un d'eux, Daniel, avait la paralysie cérébrale.

Je l'avais remarqué parmi les participants. Il n'avait aucun contrôle sur ses membres. Quand il parlait, il avait des spasmes, il bavait. Quand je le voyais, j'essayais de l'éviter. J'étais mal à l'aise devant lui, je ne le comprenais pas, j'avais peur de le faire répéter ou de le déranger et je me disais que ça devait être trop difficile pour lui de parler. Je ne voulais surtout pas lui donner encore plus de misère. Mais le « hasard » a voulu que je me retrouve assis à côté de lui.

Et, par la force des choses, nous avons discuté.

Il s'est mis à me parler, mais je ne comprenais qu'un mot sur dix, et encore ! Après quelques minutes, il s'est produit au fond de moi un drôle de phénomène : plus j'essayais de le comprendre, plus je paniquais et plus je me mettais de la pression pour y arriver. Ça semblait aussi ardu pour moi que pour lui ! Je me disais : « Il a des spasmes, dépêche-toi donc de le comprendre, Jean-Marie, tu vois bien qu'il a de la misère ! » Ses bras et sa tête allaient dans tous les sens. Je n'aurais même pas pu le prendre dans mes bras pour lui montrer ma compassion : comment veux-tu faire un câlin à quelqu'un qui bouge tout le temps… et qui bave par-dessus le marché ?

Puis, à un moment donné, pour éviter de le faire répéter, pour me simplifier la vie peut-être, j'ai fait semblant de le comprendre.

Tout de suite, il m'a dit :

— T'as pas compris, hein ? Je vais recommencer et ça va me faire plaisir. J'aime mieux te répéter vingt fois la même phrase plutôt que tu fasses semblant de me comprendre.

Et vlan, en pleine face !

Après Jonathan, Daniel me donnait une autre très grande leçon d'authenticité qui allait dans le sens de ma quête de vérité. Je me disais : « Tu veux être vrai et authentique, Jean-Marie, mais tu fais semblant de le comprendre parce que tu es trop mal à l'aise. Assume ton malaise, mon homme ! »

C'était normal que je ressente ce que je ressentais. Je n'avais jamais baigné dans le milieu des personnes handicapées. Il fallait que j'en apprenne la langue, une autre langue, celle qui vient du cœur.

Grâce à Daniel, j'essaie de mettre cette leçon-là en pratique quotidiennement. Quand on vit un moment difficile, si on est capable d'accepter que ça va durer un certain temps, d'accepter le malaise qui vient avec, alors on finit par se sentir mieux et par lâcher prise.

Finalement, l'inconfort que j'avais en parlant avec cet homme a été de courte durée. En étant plus patient, en lui accordant tout le temps dont il avait besoin pour me communiquer ce qu'il avait à me dire, en ne faisant plus semblant de le comprendre, je m'ouvrais à lui et je le rendais plus heureux. Je suis resté avec lui dix ou quinze minutes de plus. Je n'en suis pas mort! Je lui ai accordé mon attention et il s'est senti respecté en tant qu'être humain.

Le DSA me ramène toujours au rejet avec un grand *R*. Ces êtres que je côtoie chaque année pendant sept jours sont souvent victimes d'exclusion sociale généralisée à cause de leur difformité, de leurs imperfections. Nous qui recherchons toujours la beauté et la performance sommes incapables de les fréquenter. Nous préférons les savoir dans des centres spécialisés, loin de nos regards et de nos activités quotidiennes, pour éviter l'inconfort qu'ils nous font vivre.

Si seulement on pouvait éprouver un peu plus de compassion pour ces êtres! Il suffirait de prendre le temps de les connaître : on constaterait alors que leur cœur, lui, n'est pas mal formé, que leur âme, elle, n'est pas handicapée. On verrait qu'ils ne sont pas si différents de nous finalement.

Je comprends mieux maintenant le désir d'une personne handicapée d'être reconnue à part entière. Les gens viennent à moi facilement parce que j'ai tous mes membres et un beau sourire, mais si j'avais un handicap, une déficience, ils m'éviteraient sûrement, moi aussi.

Si j'étais en fauteuil roulant, je voudrais qu'on s'adresse à moi avec compassion, jamais avec pitié.

Nous avons tous des limitations ; certaines sont plus apparentes, c'est tout.

Daniel a été ma première vraie épreuve, mon premier gros défi au DSA. Il m'a obligé à me mettre à la place de l'autre. Si bien que, maintenant, pendant les compétitions, j'exerce ma compassion et j'apprends la tolérance. Quand je regarde ces gens, j'ai de multiples exemples de ce qu'est la résilience.

La patience est une qualité que j'observe chez tous les participants, ainsi que chez leurs proches, les bénévoles et les entraîneurs. Quand on vit avec un handicap, on ne monte pas les escaliers à toute vitesse. On s'y prend lentement, une marche à la fois, en se tenant fermement, ou on utilise le monte-charge et on attend son tour en file. De toute façon, où est l'urgence ?

On relativise beaucoup. C'est bon de prendre conscience du temps dans une société où il n'y en a plus.

Quand j'ai commencé mon bénévolat au Défi, j'entendais dire que des gens prenaient de précieux jours de leurs semaines de vacances annuelles pour y être et y participer en tant que bénévoles. Pour moi, c'était difficile à croire. En même temps, je me disais qu'il devait y avoir quelque chose de vraiment spécial qui se passait là !

Eh bien, j'ai fini par faire comme eux. J'y suis tous les ans, moi aussi. Je veux être le plus souvent et le plus longtemps possible là-bas et vivre cette expérience pendant plusieurs années encore.

J'aime être dans le feu de l'action, avec les participants. C'est là que je tâte le pouls de l'événement. Il n'y a rien de plus excitant que marcher sur le parterre avec les jeunes, qui passent à côté de toi en courant, les voir capoter, crier. Et quand ils viennent vers toi pour te serrer dans leurs bras parce qu'ils ont réussi à terminer leur course, ce ne sont pas des personnes ayant un handicap qui te font des câlins, ce sont des filles et des garçons fiers de leur réussite personnelle, extrêmement heureux d'être là, de participer. Ce qui les amène au DSA, c'est le dépassement. Ils se lancent tous un défi à eux-mêmes. J'embarque tellement dans leur *trip*. C'est communicatif! Le DSA, c'est la consécration des efforts qu'ils ont faits durant toute l'année. C'est un peu comme la pièce de théâtre que les petits enfants présentent à leurs parents à la fin des classes.

*

La différence nous dérange. C'est facile d'éviter d'avoir peur en contournant ce qui nous indispose. Tout le monde craint de se retrouver un jour handicapé. Le Défi sportif m'a appris à ne pas juger, à accepter ce qui ne me ressemble pas, à aller vers l'inconnu avec foi et confiance.

Le Défi m'a aussi adouci, il m'a permis d'être plus conscient de ma vulnérabilité et de mes zones d'ombre, et de les accepter. Je suis devenu beaucoup plus tendre, plus tolérant, plus patient. J'ai appris la langue des signes (LSQ) parce que j'étais frustré de ne pas comprendre les personnes malentendantes, mais j'ai surtout appris un autre langage, celui qui m'a permis de me rapprocher de ceux que j'évitais à cause de leur différence.

Dans l'enseignement bouddhiste, il est dit : « Un diamant, même s'il est souillé de boue, reste un diamant. Il suffit de le frotter un peu pour qu'il retrouve tout son éclat. » Ainsi, les personnes handicapées que je côtoie sont peut-être un peu « poquées », mais ce sont des diamants purs à mes yeux. Elles sont comme des cadeaux : pour les apprécier pleinement, il faut les déballer lentement.

*

Le DSA m'apporte beaucoup de joie, même s'il m'arrive de vivre des moments plus difficiles, comme lorsque je me mets dans la peau de ces athlètes. Je peux ressentir le rejet qu'ils éprouvent quotidiennement. Je sens le jugement des autres et cela m'affecte profondément. Notre société aurait tout à gagner à les inclure davantage. Toutefois, je suis indulgent envers ceux et celles qui les évitent parce qu'ils ignorent, tout comme moi il n'y a pas si longtemps, le bonheur qu'on éprouve à côtoyer ces êtres, ces diamants bruts. Une petite minute passée avec l'un d'eux suffirait pour que leur cœur s'ouvre.

*

Depuis quelque temps, nous sommes seulement deux porte-parole au Défi sportif AlterGo : la fabuleuse Chantal Petitclerc et moi-même. D'année en année, je reprends le flambeau avec enthousiasme. C'est la partie égoïste de mon engagement : je suis toujours partant parce que je vis là quelque chose d'extraordinaire. Je sais que ça me fait grandir ; ça me touche de côtoyer les athlètes handicapés et les bénévoles. Ces gens sont là, comme moi, fidèles au poste, à chaque édition de l'événement, parce qu'ils poursuivent la même quête de sens que moi.

Je réalise maintenant que les causes les plus intenses et les plus profondes, comme le Défi et les personnes en fin de vie, sont celles qui me touchent le plus. Dans ces deux cas, nous sommes dans l'ultime, l'extrême : le handicap et la mort. Le manque de moyens physiques et intellectuels et la perte de la vie.

Le Défi m'a permis de croire qu'il est possible d'avoir une belle vie malgré un handicap. Si je perdais l'usage de mes membres après un accident, ce ne serait pas la fin du monde, ma vie ne s'arrêterait pas là. Près de la moitié des participants au Défi sont des victimes d'accidents. Ils avaient tous leurs membres avant. Ils ont réussi à se relever. Ils se sont donné un but. Ce sont des êtres profondément résilients que j'admire énormément. Quand un participant handicapé me raconte son accident et que je le vois ensuite se dépasser dans une épreuve sportive, c'est comme s'il me disait subtilement : « Tu vois, si ça t'arrivait, toi aussi tu pourrais te relever et faire comme moi. »

Quand on s'approche d'eux, qu'on s'attarde à leur parler, on apprend beaucoup. Ils ont tous une leçon à me donner. Ils me livrent leurs enseignements comme le dalaï-lama me livre les siens. Ces êtres réussissent à se construire une estime d'eux-mêmes malgré tout. Chapeau !

Lorsque je suis au Défi, je suis dans leur monde, sur leur planète, et c'est moi qui suis handicapé !

C'est à mon tour de faire un effort pour m'adapter à leur réalité. Et quand j'en sors, je vis un décalage… Je trouve que mon monde « normal » est malade : les gens manquent d'amour et de sincérité, jugent, courent après l'argent. On accorde tellement plus d'importance à ce qui se voit qu'à ce qui se cache à l'intérieur de chacun.

Ce qui veut dire qu'après le Défi je « pogne tout un *down* ». Pour rétablir mon équilibre, j'ai besoin de continuer de côtoyer ces personnes, c'est devenu vital pour moi.

Ainsi, être bénévole au DSA m'a ouvert plusieurs portes. Ça m'a permis d'être le porte-parole de la superbe et unique aventure du documentaire *Trisomie 21, le défi Pérou*, d'animer l'émission de radio *Des gens comme les autres* à Radio Ville-Marie et de faire un autre documentaire, *Le Monde de Félix*, sur un garçon ayant la paralysie cérébrale que j'ai connu au Défi sportif.

Tant que ces êtres exceptionnels graviteront autour de moi, qu'ils me serviront de modèles et de grands maîtres, je serai là. Bien égoïstement !

5

MON REPÈRE

« On ne devient pas vieux pour avoir vécu
un certain nombre d'années,
on devient vieux parce qu'on a déserté son idéal.
Les années rident la peau ; renoncer à son idéal ride l'âme. »

Douglas MacArthur

J ean-Pierre a eu soixante et onze ans cette année,
mais on lui en donnerait facilement quinze de
moins ! C'est une bombe d'énergie aux yeux de tous
ceux qui le côtoient.

On s'est rencontrés en 2004. Je m'entraînais au
gymnase du Sanctuaire quand il m'a été présenté
par un ami commun qui m'a dit :

— Jean-Marie, je te présente le docteur Jean-
Pierre Chiasson, fondateur de la clinique Nouveau
Départ. Quelque chose me dit que vous pourriez
bien vous entendre.

Il avait vu juste. En se regardant droit dans les
yeux, tout en se serrant la main, on aurait dit qu'on
se reconnaissait. À cet instant précis, on a signé un
pacte d'amitié pour la vie.

Nous avons tellement d'affinités que c'en est
renversant. Il est mon double. Rien de moins.
Malgré la différence d'âge, on se ressemble

énormément. Nous avons les mêmes blessures d'âme, aspirons tous deux à la transparence et poursuivons la même quête de sens. En plus, j'ai su récemment qu'il avait déjà été proche de ma famille : il avait traité ma mère à l'époque où elle sombrait dans l'alcoolisme. Je ne l'avais pas croisé à ce moment-là et j'ignorais son existence. Mais, comme pour bien d'autres circonstances dans ma vie, je pense que notre rencontre n'était pas le fruit du hasard : nous devions nous retrouver, tôt ou tard.

On s'est entraînés ensemble pendant quelques années. On se donnait rendez-vous tous les matins à 6 heures, ce qui a certainement aidé à souder notre lien. Même si nous ne nous entraînons plus ensemble aujourd'hui, c'est un privilège pour moi de continuer de côtoyer un homme comme lui, qui possède tant de maturité et de sagesse, avec qui je peux parler de choses très, très intimes.

Jean-Pierre est un modèle pour moi, non seulement par sa démarche de «missionnaire» auprès des alcooliques et des toxicomanes, mais aussi en raison d'un drame énorme qu'il a réussi à surmonter : il y a douze ans, son fils David, qui était dépressif, a mis fin à ses jours dans la solitude de son appartement.

Pourtant, David affichait souvent un grand sourire devant son père et son entourage, masquant ainsi sa grande détresse. Extrêmement absorbé par son travail de médecin, Jean-Pierre n'avait pas toujours été un père présent et, au fil des ans, son fils s'était éloigné de lui. Jean-Pierre n'a rien vu venir. Il croyait David heureux.

Ce suicide l'a forcé à se regarder, à confronter ses démons intérieurs. Il a alors amorcé un virage définitif et il s'est donné les moyens pour rester dans le droit chemin.

Après la mort de David, Jean-Pierre a développé un don exceptionnel pour différencier le vrai sourire du faux. Il est maintenant capable de déceler, simplement en regardant une personne, son degré de souffrance. Parce qu'il n'a pas su reconnaître les faux sourires de son fils, il s'est juré d'apprendre à détecter la détresse des autres. Il a ainsi réussi à trouver un sens à la douleur causée par la perte de son enfant.

Chaque année, à l'anniversaire de la mort de David, parents et amis se réunissent, un peu comme on le fait pour Laurent[4]. Je trouve cette initiative de Jean-Pierre lumineuse et porteuse d'espoir : il rend hommage à son fils en célébrant la vie, tout en ayant une pensée pour la souffrance qui nous habite et qui, malheureusement, peut finir par nous tuer.

Voir cet homme qui carbure maintenant au bonheur, à la vie, à l'amour, c'est très inspirant pour moi. Je me dis que c'est toujours possible de se relever, qu'on est tous dotés de cette résilience-là.

En ouvrant sa clinique de désintoxication, il y a bientôt trente ans, Jean-Pierre s'est d'abord fait du bien à lui, comme il aime le rappeler. Soigner le mal de vivre des gens, côtoyer la souffrance humaine et être témoin de petits et de grands miracles au quotidien l'aide à se sentir utile.

---

4. L'histoire de Laurent est racontée à la page 145.

Il prend ainsi conscience qu'il n'est pas à l'abri, lui non plus, de la rechute ou du désespoir pouvant mener à la mort, comme cela arrive souvent lorsqu'on souffre de toxicomanie ou d'alcoolisme.

Avant d'ouvrir sa clinique, Jean-Pierre a eu plusieurs dépendances. Les femmes en étaient une. Sa quête d'amour lui a fait suivre des chemins plutôt tortueux qui l'ont mené dans des impasses relationnelles. À répétition. Maintenant, après plus de quarante ans d'abstinence, Jean-Pierre peut enfin vivre une paix intérieure, ce qui lui permet de créer des relations authentiques et harmonieuses avec les autres.

Mais, à l'époque, en plus d'être dépendant des femmes, il consommait stimulants et alcool pendant ses études et au début de sa pratique de la médecine pour gérer son stress. De plus, il avait un père alcoolique, tout comme moi. Rien pour l'aider !

C'est à la clinique de Jean-Pierre que j'ai été traité pour ma dépendance affective aux femmes. C'est là que j'ai rencontré Gilles-Benoît Leblanc, mon thérapeute, un des principaux intervenants de la clinique. Il m'a outillé pour que j'évite de rechuter dans cette dépendance et que je me retrouve, encore une fois, dans de « mauvais draps ».

*

Je crois en Jean-Pierre comme il croit en moi. On se reconnaît dans notre détresse commune et on s'apporte un soutien mutuel pour ne pas déraper. On se nourrit de nos aspirations et de

nos rêves. Au lieu d'alimenter nos aspects néga-
tifs, un peu comme deux ivrognes pourraient le
faire, on se tient par les épaules en marchant dans
la même direction. On sait ce qu'il faut faire et
ne pas faire pour ne pas se perdre. On se *challenge*
positivement, quotidiennement. On s'encourage
à faire du bien autour de soi, à donner un sens à
nos vies, à ne pas se mettre dans la merde. On est
un pilier l'un pour l'autre. Notre amitié est essen-
tielle : j'ai besoin de lui comme il a besoin de moi.
Je lui suis extrêmement reconnaissant d'être dans
ma vie.

Il me rappelle souvent, lors de nos conversations riches de sens, que chacun de nous est un
petit grain de sable nécessaire qui contribue au
bonheur des autres.

*

Il y a deux ans, Jean-Pierre m'a demandé d'animer
des *meetings* d'entraide à sa clinique les samedis
soir, car les pensionnaires étaient oisifs et il cherchait à les occuper. L'idée était originale et me plai-
sait beaucoup. J'ai accepté et je les anime depuis.
Ça m'aide à marcher droit, à garder un mode de
vie sain. Quand Jean-Pierre m'a demandé ce service, j'ai été touché, car il me montrait ainsi qu'il
avait confiance en moi. Chaque samedi, il y a entre
cinq et vingt personnes qui se présentent à ces réunions. Ça me fait du bien de pouvoir échanger avec
mes semblables. J'écoute leurs histoires qui parfois
ressemblent à la mienne. Ils partagent leurs émotions, on rit, on pleure, on se libère de ce fardeau

qu'on porte en soi et qui nous pousse par moments à sortir un peu trop du rang.

Un peu comme Jean-Pierre qui a ouvert sa clinique pour sauver sa vie et se donner un environnement sain pour se rétablir lui-même, j'anime ces réunions pour rester sur la *track*. Je me sens responsable. Je me suis engagé à poursuivre la mission de Jean-Pierre. Ça me ressemble tellement, cette dynamique-là !

Chaque fois que je suis en contact avec des gens qui font de telles démarches, ça me rapproche de la mienne. Ça me conscientise sur les efforts que j'ai encore à faire. Depuis les deux dernières années, mis à part mon histoire avec Jessica, j'ai évité de me retrouver dans une situation problématique avec une femme. Je n'ai pas touché à la drogue ni à l'alcool non plus. J'ai fait un gros ménage dans mon comportement et je me sens bien. Libre. Enfin.

*

Quand je vois des gens « poqués » arriver à la clinique, je me dis que je pourrais être comme eux, que je ne suis pas totalement à l'abri de ça. Par le passé, il s'en est fallu de peu pour que je perde totalement le contrôle de ma vie. J'ai fréquenté, parfois sans le savoir, des escortes, des masseuses et des danseuses, et j'ai vécu des drames amoureux extrêmement nocifs pour ma santé mentale. La drogue, l'alcool et les femmes ont un effet dans la même zone du cerveau, les trois ayant un lien avec l'excès de dopamine. On rit bien, Jean-Pierre et moi, quand on se qualifie de « dopaminopathes ».

*

J'ai peut-être arrêté de consommer drogues et alcool, mais la dépendance est particulière, subtile et très sournoise. Lorsqu'on arrête de consommer une substance, si on ne traite pas le mal à la racine, le petit diable (ou « crosseur » !) en nous va vite en chercher une autre avec laquelle se geler, tel un enfant agité à qui on enlève un jouet et qui en trouve vite un autre pour le remplacer. Et ainsi de suite.

Comme me l'explique si bien ma sœur Anne-Élizabeth, directrice générale adjointe de la Maison Jean Lapointe, la seule véritable façon de faire taire ce petit « crosseur » est de s'abstenir de consommer toute substance et de demeurer vigilant en permanence. La rigoureuse honnêteté envers soi-même empêchera le « crosseur » de nous faire rechuter ou de nous créer une autre dépendance.

*

La clinique de Jean-Pierre ne perçoit aucune subvention. Les traitements qu'on y reçoit peuvent coûter des milliers de dollars et s'adressent donc à une clientèle privilégiée. À mon avis, les services y sont exceptionnels : il y a une présence médicale vingt-quatre heures sur vingt-quatre, on y trouve des médecins, des infirmières et des thérapeutes, tous spécialisés en toxicomanie, et un encadrement sur mesure pour ceux et celles qui cherchent à s'en sortir.

Et des « David » potentiels, il y en a beaucoup à la clinique. Seulement au cours de l'automne dernier, deux d'entre eux se sont suicidés après leur séjour. La rechute nous menace toujours.

La maladie mentale, associée à une dépendance, peu importe laquelle, peut mener à la mort, à la folie ou à la prison. C'est malheureusement une triste réalité que l'on constate trop souvent quand on travaille dans des centres comme la clinique Nouveau Départ ou la Maison Jean Lapointe.

J'ai fait une tentative de suicide à vingt-cinq ans. Cet événement de ma vie me rapproche de Jean-Pierre, de la souffrance de son fils et de toutes les personnes dépendantes que je rencontre à la clinique ou ailleurs.

Parce que j'ai déjà vécu un épisode de dépression, je crois être capable, comme Jean-Pierre, de reconnaître la souffrance de l'autre. Je peux la comprendre sans la juger, je sais ce qui nous mène là. En côtoyant Jean-Pierre, son équipe et les résidents résilients de sa clinique, j'ai appris qu'on peut s'en sortir en développant toutes sortes de techniques pour ne plus sombrer.

La dépression ne commence pas comme un coup de poing en plein visage. C'est très, très insidieux. Ça commence parfois par une simple pensée négative, minuscule comme un flocon de neige. Si tu n'y prêtes pas attention, elle est tout de suite remplacée par une autre pensée ou par un vide et tu passes à autre chose. Mais si tu t'y accroches et que tu la nourris, elle devient une obsession. Elle prend toute la place et te possède entièrement.

Puis, si tu cultives quotidiennement des pensées négatives, le petit flocon de neige devient une boule de neige qui, elle, devient une avalanche, qui finit par t'emporter.

Un des trucs que j'ai appris à la clinique de Jean-Pierre, outre la fameuse règle du quatre secondes, c'est de me tenir avec des personnes comme lui. Avec des gagnants. C'est le meilleur antidote que j'ai trouvé. Ces personnes me ramènent constamment dans le droit chemin. Comme Jean-Pierre me le dit souvent :

« Moi, je ne prends pas de drogue, pas d'alcool et je dis la vérité. Déjà là, si tu ne racontes pas de mensonges, c'est beaucoup ! »

En fait, le mensonge est carrément lié à la dépendance. On se manipule soi-même et on ment aux autres pour obtenir des choses en retour. Quand je pense aux niaiseries que j'ai pu dire aux filles pour baiser avec elles ou avoir leur affection ! Je me mettais en mode séduction et je leur disais de belles choses pour qu'elles craquent. Ce n'était pas vraiment honnête ! Il fallait que je sois carrément en manque et que je souffre profondément pour agir de la sorte. Et pourtant, je cherchais l'amour… Je croyais sincèrement que ça pouvait fonctionner et que je trouverais enfin la femme de ma vie.

Quand j'ai commencé ma thérapie, j'ai appris que la plus grande manipulation qu'on fait, c'est celle qu'on se fait à soi-même. Le dépendant est un grand manipulateur. Il le sait au fond de lui, mais il n'en est pas toujours conscient. Il est dans une quête d'euphorie, de *thrill*, de *high* et d'intensité, et il n'y a que ça qui compte.

Pour moi, le *buzz* était toujours suivi d'une grosse déception…

Il y a des gens qui comprennent vite, d'autres qui comprennent lentement. Moi, j'étais dans le deuxième groupe. Il m'a fallu quelques années !

*

Avec le temps, Jean-Pierre est devenu une figure paternelle additionnelle pour moi, il est un autre modèle. Un « re-père », un complément de père, avec des différences qui complètent celui que j'ai déjà.

Aujourd'hui, à soixante et onze ans, il est conscient du temps qu'il lui reste à vivre. Il fait plus attention à ce qu'il dit ou fait... et à ce qu'il ne fait pas. Il agit toujours selon sa conscience et cela a un impact majeur sur son environnement. Moi, je l'observe et j'apprends. Comme je le fais avec tous les maîtres, petits et grands, qui font désormais partie de ma vie. Ces gens-là vivent une réalité différente de la mienne et me donnent des leçons. Je suis à l'écoute de leurs enseignements. Ça fait longtemps que j'ai ce désir-là, de vouloir apprendre dans ma vie, depuis que je suis tout petit en fait.

Avec Jean-Pierre, je suis un récepteur, toutes antennes sorties. Il représente l'homme que j'ai la possibilité de devenir. À soixante et onze ans, je veux être aussi lumineux, aussi enthousiaste et aussi assoiffé de vivre que lui !

Je sais qu'il avance en âge, mais j'ai encore besoin de mon tuteur, au sens propre et au sens figuré.

Je t'aime, Jean-Pierre.

On est dans la course. On est dans la course 136.

Notre entraîneur, Jon, est à l'arrière, prêt à diriger l'immense gouvernail.

À l'avant, notre drummer, Sophie, va battre la mesure, comme le veut la tradition.

J'occupe une place à l'arrière du bateau, sur le neuvième banc, du côté droit.

6

LE COSTUME DU PÈRE NOËL

« L'homme le plus heureux est celui qui fait le bonheur
d'un plus grand nombre d'autres. »

Denis Diderot

L e 24 décembre 2005, je suis devenu le père Noël.
J'ai revêtu le costume et, depuis ce temps,
tous les ans, je l'endosse avec énormément de
plaisir pour deux événements qui me tiennent par-
ticulièrement à cœur.

Cette année-là, je m'étais retrouvé célibataire à
quelques jours de la période des fêtes. Je n'avais pas
vécu cette situation depuis longtemps. J'étais un
homme « libre », donc disponible et ouvert à toute
activité intéressante qui pouvait se présenter à moi.

À cette époque, je faisais du bénévolat au
centre Le Grand Chemin de Montréal depuis
déjà quelques années. Le Grand Chemin est un
centre spécialisé pour les adolescents, connu auparavant sous le nom de Centre Jean Lapointe, qui
a vu le jour grâce à l'argent récolté au cours des
téléthons que j'animais avec mon père. Il y a trois
centres dans la province de Québec. On y offre
gratuitement des thérapies aux jeunes de douze
à dix-huit ans aux prises avec un grave problème

de dépendance à la drogue, à l'alcool ou au jeu pathologique.

Ces adolescents y sont hébergés, suivent le programme scolaire des écoles secondaires du Québec et tentent de retrouver une certaine forme d'équilibre dans leur vie. On y assure aussi un suivi postcure pendant plusieurs mois.

Complètement coupés de leur famille et de leurs amis, ils sont suivis de près par une équipe pluridisciplinaire. Cette thérapie exige qu'ils vivent en vase clos pour une période de huit à dix semaines. Durant leur séjour, ils ont la permission de faire quelques appels et ont droit à une rencontre familiale supervisée par un intervenant, mais, la plupart du temps, il leur est interdit de communiquer avec leurs proches. C'est dur, mais nécessaire.

En raison de cet encadrement, ceux qui sont hébergés pendant le temps des fêtes restent au centre à Noël, loin de leur famille. Ils fêtent sur place avec leurs pairs, les éducateurs, les bénévoles… et moi, le père Noël.

Quelques années avant que j'entre en scène, un coordonnateur avait décidé de faire le père Noël le 24 au soir. Depuis que l'idée avait été lancée, quelques pères Noël ont joué le jeu et, un beau jour, ce fut mon tour. Sans le savoir, ce jour-là, j'ai pris tout un engagement… qui dure depuis 2005.

*

Nos ados ne sont pas si différents de tous les autres ados du monde. Malgré leurs blessures au cœur, leurs années de souffrance, de perte et de déception qui leur enlèvent parfois leur naïveté et leur candeur, ils redeviennent des enfants le soir de Noël quand un baume de douceur et de joie les enveloppe.

Pendant que les jeunes vont à la messe de «minuit», célébrée à 21 heures, accompagnés par quelques éducateurs, les bénévoles et les employés de garde ce soir-là préparent la salle, décorent les tables et remplissent le sapin de Noël de cartes et de cadeaux pour les jeunes en thérapie.

Moi, j'arrive vers 21 heures, aussi fébrile et excité chaque année à l'idée de voir les jeunes revenir de la messe et redevenir des enfants de six ans.

J'enfile le costume du père Noël, toujours rangé dans le même sac, dans la même armoire, et je vais me cacher dans la salle de thérapie de groupe, en compagnie de l'équipe, et nous sommes tous impatients que les jeunes rentrent.

«Chut! Ils arrivent!»

C'est toujours pareil, d'année en année. On les fait entrer, un par un, les yeux fermés, et on les fait asseoir autour de l'arbre près du père Noël.

Puis on commence le décompte : «Trois, deux, un, JOYEUX NOËL!»

Ils ouvrent les yeux, et ils éclatent de joie en criant et en riant : «Wow! Le père Noël est là! C'est qui? Ayoye! Les inters sont là aussi? C'est super! Yé! C'est *cool*!»

Je lâche alors mon rire gras de faux père Noël qui a bien du plaisir et les jeunes me reconnaissent à tout coup!

Cet événement annuel est l'occasion aussi de partager des rêves, de s'exprimer sur ses besoins et ses désirs profonds. Ainsi, plus tôt dans le mois, chaque jeune doit écrire une lettre au père Noël, que je lirai le soir de la fête. C'est un beau prétexte pour vivre de grandes émotions, pour permettre aux ados d'être en contact avec leurs «vrais» sentiments, une fois de plus, durant leur thérapie.

Quelques jours avant l'événement, on me remet les lettres et j'en prends connaissance. Je sais ainsi un peu à quoi m'attendre, mais surtout que j'aurai la gorge nouée plus d'une fois quand j'aurai le privilège de les lire devant le groupe.

Quand ils sont tous installés, je sens leur fébrilité et leur hâte de commencer l'échange. Je pige donc une lettre et je demande au jeune qui l'a écrite de venir s'asseoir à mes côtés.

Justine est la première. Elle se lève et s'avance doucement, sachant que le contenu de sa lettre sera entendu par tout le monde. Ses yeux, brillants d'excitation quelques minutes plus tôt, s'emplissent de larmes. Alors qu'elle a le regard rivé au sol, je lis sa lettre à voix haute: «Moi, vous le savez, j'ai perdu mon papa il y a quelques années déjà. C'est ça que je veux le plus au monde, je veux que mon papa revienne… qu'il me dise qu'il m'aime. J'aimerais que maman me pardonne… et que la dépendance disparaisse… Je veux être libre… C'est ça que je veux, père Noël… Je t'aime.»

Ces jeunes-là ne veulent pas de PlayStation ou de iPhone. Non, ils demandent des choses que les enfants «ordinaires» de familles «ordinaires» n'ont jamais besoin de demander. Ils souhaitent la paix dans leur cœur et dans leur monde, ils réclament l'amour, la santé et le pardon, parce qu'ils se sont fâchés contre quelqu'un ou parce qu'ils veulent guérir d'une peine d'amour. Ils veulent se libérer de leurs démons, qui les empêchent de vivre heureux.

Je ne suis pas le seul à accompagner ces jeunes la veille de Noël. Il y a généralement plusieurs employés qui viennent de leur plein gré, sans être rémunérés, et des bénévoles qui prennent le temps de fêter au centre. Même si on a reçu des invitations de notre famille et de nos amis, on préfère être là. Ces jeunes deviennent vite notre priorité. Se retrouver avec ces ados qui ne « peuvent » pas être avec leurs parents et amis, c'est un moment vraiment unique. Ceux qui travaillent au centre ce soir-là y sont peut-être en raison de leur quart de travail, mais ils sont heureux d'y être parce qu'ils savent que c'est important pour ces jeunes qui n'ont pas été gâtés par la vie ou qui ont juste pris la mauvaise route.

La lecture d'une lettre sur deux se finit les yeux dans l'eau. C'est extrêmement émouvant. Il y a beaucoup de fébrilité dans l'air parce que c'est le temps des fêtes et que ce moment fait remonter beaucoup de souvenirs à l'esprit, des bons comme des mauvais. En même temps, plusieurs jeunes nous disent qu'ils sont contents d'être là parce qu'ils se sentent en sécurité.

On les entend dire : « Je suis à jeun, moi, à Noël, cette année. Il n'y a pas de chicane ici, contrairement à ce qui se passe dans ma famille. Les intervenants, les autres jeunes et les bénévoles, c'est comme notre nouvelle famille dans le fond ! »

Ces adolescents, qui viennent par eux-mêmes chercher de l'aide, ont des réalités qui se ressemblent et un but commun : ils veulent tous être libérés de leur dépendance. Ils ont décidé de s'en sortir et ils prennent les grands moyens.

Quand je lis leur lettre à voix haute devant tout le monde, on voit tellement de lumière dans leurs yeux. On sent leur espoir après le désespoir. Il y en a qui ne sont pas habitués de vivre leurs émotions comme ça et qui craquent. Ça m'émeut énormément, mais ça me fascine en même temps, parce qu'on touche à la vérité, leur vérité. Je suis toujours profondément ébranlé par ces rencontres, mais tellement heureux d'être témoin de ces moments-là. C'est un vrai privilège pour moi d'être «leur» père Noël.

Je ne peux pas m'imaginer ne plus porter ce costume au centre Le Grand Chemin. Souvent, je me dis en souriant que j'espère assister à cette fête encore longtemps.

Et un jour, quand je serai vieux, avec une vraie barbe blanche et un peu d'embonpoint, j'aurai peut-être vraiment l'air du père Noël, qui sait?

*

Chaque année, le fameux costume du père Noël sert à une autre cause, tout aussi magique et émouvante.

LES FACES DE PET

Dans le cadre du Téléthon des Étoiles, tous les animateurs devaient faire des reportages sur des enfants malades, leurs parents et la façon dont ils vivaient la maladie. Ces reportages allaient évidemment être diffusés durant le téléthon. Comme je faisais de l'accompagnement en fin de vie, on me donnait souvent des cas plus lourds, qui allaient peut-être impliquer la mort d'un enfant en cours de tournage.

Il y a plusieurs années, une des recherchistes m'a approché pour me dire que les producteurs du téléthon voulaient un animateur prêt à faire des reportages directement à l'hôpital. *Yes!* J'allais être sur place et me sentir utile, exactement comme j'aime l'être. Tout ça se passait un peu avant ma rencontre avec Laurent Pilon[5].

*

On m'a parlé d'une famille recomposée comptant neuf enfants.

Michel et Céline avaient chacun trois enfants d'un premier mariage et, ensemble, ils en ont fait trois autres. Malheureusement, sans le savoir, ils étaient tous deux porteurs du gène d'une grave maladie congénitale, la leucodystrophie métachromatique, et l'ont transmis à deux de leurs trois enfants. Il s'agit d'une maladie dégénérative très rare qui mène presque toujours à la mort, quelques années seulement après la naissance.

Christopher, l'aîné, et Shawn, le cadet, ont commencé à montrer des signes de la maladie peu de temps après l'arrivée de la benjamine, la petite Sarah. Elle a été épargnée, mais elle est porteuse du gène, tout comme ses parents.

Pour le téléthon, je devais les interviewer à leur domicile, dans la région de Sorel. J'étais avec

---

5. L'histoire de Laurent est racontée à la page 145.

Guy-Jean Dussault, le réalisateur avec qui j'ai tourné le film sur Laurent.

Une fois arrivés sur les lieux du tournage, on s'est regardés, un peu découragés. Pas riche, ce monde-là! On est sortis de la voiture et on s'est avancés lentement vers la petite maison qui ne payait pas de mine. Non seulement ces gens étaient en deuil du petit Shawn et se préparaient à perdre Christopher, mais ils avaient encore sept autres bouches à nourrir et ils habitaient une maison qui avait bien besoin d'être rafraîchie.

Quand on nous a ouvert la porte, tous les enfants étaient dans l'escalier, chacun assis sur une marche, du plus petit au plus grand! Il y avait aussi des chiens, des chats... c'était le bordel, quoi! Mais un bon bordel, rempli de chaleur humaine. Spontanément, en les voyant tous là avec leur grand sourire, contents de nous accueillir malgré ce qu'ils vivaient, j'ai lancé en riant: «Vous êtes donc ben une belle *gang* de faces de pet, vous autres!» Et le nom leur est resté.

Je réalisais d'un seul coup d'œil que, malgré la mort du petit Shawn et celle, prochaine, de Christopher, la vie était là, devant moi, dans toute sa splendeur.

L'entrevue a été très émotive. On a parlé de leurs enfants et de la raison pour laquelle on faisait de la recherche. On a fait un clip très touchant pour le téléthon.

Puis on est repartis, Guy-Jean et moi, tristes, mais extrêmement touchés par ces êtres cruellement éprouvés par la vie. On avait le cœur en miettes. En parlant un peu, on a réalisé qu'on ressentait le même besoin de leur venir en aide. On a décidé de faire notre possible pour leur apporter un peu de bonheur.

*

Quelques mois plus tard, question de s'amuser avec la *gang* de faces de pet et pour les aider à se changer les idées, on a emmené les enfants glisser tout l'après-midi, et c'est Guy-Jean qui a payé la sortie.

Guy-Jean est mort l'année suivante d'un cancer foudroyant.

J'ai perdu un gros morceau : mon ami, mon complice, mon compagnon de reportages et de documentaires n'est plus. C'est avec lui que je suis allé au Pérou avec le groupe de jeunes adultes ayant la trisomie 21, avec lui que j'ai réalisé *Le Monde de Félix* et beaucoup d'autres émissions spéciales. J'espère retrouver cette complicité dans une autre relation de travail un jour.

Guy-Jean était unique et avait une façon toute spéciale de travailler, non pas à l'heure, mais avec le cœur.

*

Après le décès de Guy-Jean, j'ai eu l'idée d'aller passer Noël avec la famille « faces de pet ». J'étais certain que les enfants seraient heureux de voir débarquer le père Noël avec sa grosse poche pleine de cadeaux. À vrai dire, c'est moi qui me faisais du bien en allant passer Noël avec eux !

Et, pour cette grande première, j'y allais avec ma belle amie Sophie Gosselin, alias mère «Nowell» pour les faces de pet. C'était son premier Noël sans son chum et les enfants de ce dernier, alors je l'ai invitée (pour ne pas dire obligée) à m'accompagner.

— Tu viens avec moi pour te remonter le moral ou tu restes ici, toute seule, à te morfondre et à pleurer sur ton sort, le nez dans ton verre. Viens, on va aller acheter des cadeaux et de la bouffe pour la petite famille que j'ai adoptée.

Depuis ce jour-là, mon amie joue le rôle de la mère Noël. C'est tellement plus amusant à deux!

Sophie et moi sommes de bons amis. Comme on n'a pas d'enfants, on se fait un plaisir fou lorsqu'on entre dans les magasins afin de choisir des cadeaux pour nos petites faces de pet, qu'on adore.

Et c'est ainsi depuis les dernières années. J'emprunte le costume de père Noël du centre Le Grand Chemin et je me pointe avec Sophie chez ma petite famille, à leur maison à la campagne. On leur distribue des vivres, des chèques cadeaux d'épicerie et des cadeaux qu'on a achetés grâce aux dons que me font mes amis proches et les personnes qui me suivent sur les réseaux sociaux.

Chaque année, j'invite les gens à être généreux. Je leur parle de la famille que j'accompagne et on m'offre, pour elle, plus que ce que je peux espérer. Je réalise à quel point on a tous en soi le besoin de donner à son prochain.

*

C'est ce qui me fait dire que l'important, c'est de donner. Peu importe si c'est du temps ou de l'argent. Ce qui compte, c'est le don.

Les gens qui font partie de mon réseau sont parfois trop occupés, mais leur cœur (et leur portefeuille) est généreux. Ils me donnent de l'argent pour que je puisse aider ceux et celles dans le besoin. De cette façon, nous sommes tous unis et interdépendants dans cette belle aventure. Je suis un intermédiaire, mais quel beau rôle, avouez!

*

Les petits enfants à la face de pet grandissent. Un jour, ils vont quitter la petite maison de campagne. Mais, moi, vais-je délaisser mon habit de père Noël? Oh que non!

Sophie et moi allons nous trouver une autre famille. Je sais qu'il existe d'autres faces de pet à aimer et à gâter… et qui croient encore à la magie de Noël!

Je suis en colère.

Pourquoi suis-je ici? On m'avait pourtant parlé des vagues et des bateaux qui allaient se faire brasser pas mal.

Et si les organisateurs de l'événement avaient respecté les normes aussi. Crisse!

J'enrage! Je sens la colère qui monte. J'ai envie de hurler!

Pourquoi est-ce que je n'arrive pas à remonter à la surface?

Quelque chose est allé de travers, c'est évident! Une erreur s'est produite et, moi, j'en subis les conséquences en ce moment.

Estie! Je coule à cause de votre organisation de cul, gang de caves!

7

TIMOTHÉE-GABRIEL

« Ceux qui vont mourir nous apprennent à vivre.
La mort met fin à la vie, mais pas à la relation. »

Marie de Hennezel

À l'été 2002, quelques mois après ma séparation, je vivais une difficile période d'instabi-
lité. J'avais quitté une femme avec qui j'avais cru
pouvoir fonder une famille et notre belle grande
maison à Outremont. Je me retrouvais dans le demi-
sous-sol d'un triplex de Rosemont. C'était loin
d'être le grand confort.

Quelque temps après, j'allais temporairement
déménager chez mon père et sa conjointe. J'y suis
finalement demeuré près de deux ans.

Mais ça, c'est une autre histoire[6] !

J'étais donc en transition dans bien des aspects
de ma vie. Je sentais l'urgence de réaliser ce que
j'avais mis sur la glace jusqu'à ce jour. Je voulais
accomplir une foule de choses : faire et composer de
la musique, jouer au D.J. C'est ce qui m'a mené vers
le monde des *raves* et de la musique électronique.

---

6. Cette histoire est racontée à la page 125 : *Deux ans dans la
    chambre d'amis.*

Et j'ai *tripé* solide !

Je vivais une vraie vie de célibataire : petits contrats ici et là, gym, musique et, bien sûr, quelques rencontres avec des femmes !

Durant cette période instable et parfois très (trop !) intense, ma méditation et mon bénévolat me gardaient les deux pieds sur terre. Dans le métier que j'ai choisi, il y a des périodes creuses et des périodes d'abondance. Par le passé, je me suis souvent apitoyé sur mon sort quand je n'avais pas de contrats. Je me sentais abandonné, rejeté. Mais là, je me suis dit : « Plus jamais ! Quand je serai moins occupé, je donnerai mon temps aux autres. C'est une denrée rare, le temps. Moi, j'ai la chance d'en avoir, alors je vais l'utiliser de façon profitable. »

En fait, durant cette période, j'installais sans le savoir les fondements de ma vie présente.

*

Au début de mon bénévolat pour Leucan, on m'a jumelé à François. Il avait subi une greffe de moelle. Tout juste avant ma première rencontre avec lui, on m'a annoncé qu'il avait été entre la vie et la mort. Il était resté dans le coma pendant plusieurs heures, mais la merveilleuse équipe de Sainte-Justine avait réussi à le réanimer. Je l'ai vu à plusieurs reprises durant l'été 2002 alors qu'il était en convalescence. François a récupéré très rapidement. Malgré le court laps de temps qu'a duré mon intervention auprès de lui, nous avons passé de bons moments et je me suis attaché à lui, à tel point que, dix ans plus tard, nous nous écrivons encore de temps à autre sur Facebook. Je suis toujours content d'avoir de ses nouvelles. Il a la vie devant lui et ses rêves vont le mener loin, j'en suis sûr. Je le regarde évoluer à distance, en souriant. Salut, mon François !

*

Il y a des coïncidences tellement étonnantes qui surviennent parfois dans nos vies qu'on se demande s'il n'y a pas un peu de magie dans tout ça. Il m'est arrivé de vivre une situation pour le moins insolite et qui m'ébranle encore aujourd'hui quand j'y pense.

Pour jumeler un jeune patient à un bénévole, les responsables de Leucan tiennent compte de son histoire, de sa famille, de ses besoins, de la présence ou de l'absence de ses parents. Les travailleurs sociaux, les psychologues et tous les intervenants entourant l'enfant ont leur mot à dire sur le jumelage qui doit se faire.

Peu après mon expérience avec François, j'ai communiqué avec Sylvie Cantin, la responsable des jumelages chez Leucan en 2003, pour lui faire savoir que j'étais disponible et prêt à aider. À la suite de l'étude d'un nouveau dossier, Sylvie et son équipe ont décidé de me jumeler à un autre garçon.

Jusque-là, rien d'étonnant…

Mais là où c'est devenu « magique », c'est lorsque, quelques jours avant que Sylvie m'appelle, j'ai reçu un coup de téléphone d'une femme que je n'ai pas reconnue tout de suite.

— Bonjour, Jean-Marie, c'est Hélène Brouillet. Te souviens-tu de moi ? On était au même cégep.

— Hélène? *My God*, ça fait longtemps!

— J'ai réussi à te trouver chez ton père. Je t'avoue que j'ai fait quelques recherches avant de pouvoir te joindre, mais enfin je t'ai au bout du fil.

Je suis resté stupéfait. Que me voulait-elle après toutes ces années?

Elle a continué.

— J'ai pensé à quelque chose. Écoute, le fils de l'ex de ma tante a un cancer des os très sérieux. Je veux tellement l'aider! C'est un garçon fantastique! J'ai pensé à toi. Il adore la musique. Je crois que tu pourrais lui faire beaucoup de bien.

Au Collège André-Grasset, j'avais fait beaucoup de musique. J'avais participé à *Cégeps en spectacle* et gagné des concours avec mon ami Jean-Rodrigue Paré. J'adorais jouer des instruments électroniques et elle s'en souvenait. Alors elle m'a dit:

— Voudrais-tu rendre ce garçon heureux?

— Ben oui! Surtout que je *tripe* pas mal sur la musique de ce temps-là!

C'est sorti spontanément, comme une balle. J'ai dit ça sans réfléchir tellement je sentais que je pouvais être utile à ce jeune homme-là. Ça me remplissait de bonheur de savoir que j'allais partager mon amour de la musique avec lui.

— Il s'appelle Timothée-Gabriel. Il a seize ans. Tu vas l'aimer, c'est certain!

Après m'avoir parlé un peu de lui, de sa famille, de sa personnalité, elle a ajouté:

— Pourrais-tu le rencontrer bientôt?

— Avec grand plaisir, Hélène!

Puis j'ai reçu l'appel de Sylvie, qui m'a dit:

— Jean-Marie, on a un beau jeune pour toi!

Tandis qu'elle me parlait de lui, de ses origines française et haïtienne, de son amour de la musique, de sa situation familiale, j'avais le pressentiment qu'elle me parlait de…

— Timothée-Gabriel. Il a seize ans.

J'étais complètement abasourdi ! C'était comme si la décision avait été prise par quelque chose de plus fort que nous. C'était « écrit dans le ciel », comme on dit. J'allais accompagner Timothée-Gabriel. Je ne pouvais pas passer à côté !

Et, à sa façon, Timothée allait me marquer à vie.

*

Dans l'accompagnement de fin de vie, il faut s'attendre à tout. La maladie est parfois très avancée, mais on ne peut jamais prévoir exactement comment les choses vont tourner. Un traitement palliatif peut durer deux semaines, six mois, un an… Avec Timothée-Gabriel, l'aventure a duré presque onze mois.

En fait, ça m'a permis d'entrer en relation avec ce jeune homme comme jamais j'aurais cru pouvoir le faire. Cette expérience m'a profondément transformé.

La première fois que je l'ai rencontré, c'était la veille de son amputation. J'étais au courant de ce qui l'attendait et j'éprouvais pour lui énormément de compassion. Il avait un ostéosarcome, c'est-à-dire un cancer des os, logé dans un de ses bras.

Quand je suis entré dans sa chambre, il y avait des gens autour de son lit, mais je ne voyais que lui. Il se tenait le bras gauche comme s'il était en train de lui dire adieu. Il le caressait doucement tout en regardant ses proches tristement.

C'était peut-être un geste inconscient chez lui, mais moi j'en voyais toute la signification. Il tenait le bras qui l'avait servi pendant ses seize années de vie. Il sentait qu'il y aurait bientôt un vide énorme à sa place. Sans le connaître encore, je ressentais jusque dans mes tripes sa peine et son désespoir. Je me mettais à sa place et ne pouvais imaginer ma vie sans mon bras gauche.

Dans l'accompagnement, généralement, au premier contact, ça passe ou ça casse. Comme dans la vraie vie, quand on souhaite créer un lien d'amitié ou d'amour.

Je ne suis pas resté longtemps cette journée-là, mais dès les premiers instants je me suis senti en communion avec lui et j'ai eu le temps de percevoir qui était ce jeune homme couché dans son lit, extrêmement inquiet à la veille de son amputation. Elle était inévitable, cette opération, mais c'était pour son bien parce que le cancer pouvait se propager ou se compliquer.

À ce moment-là, il y avait de l'espoir. Timothée n'était pas encore à l'unité de soins palliatifs. Autour de son lit, il y avait son père, sa mère, l'infirmière et moi, son bénévole accompagnant. C'était vers la fin de l'été 2002.

On m'a présenté comme un bénévole de Leucan, bien sûr, mais aussi comme un artiste qui faisait de la musique, un comédien, un animateur, quelqu'un qui faisait des films... et surtout comme un gars sensible, qui était prêt à donner de son temps pour lui.

Je me souviens des regards teintés à la fois de tristesse et d'espoir de tous ces gens autour du lit de Timothée-Gabriel. J'avais tendance à vouloir croire au miracle moi aussi, car j'avais été témoin de la guérison de François. Cependant, nous savions tous pertinemment que la maladie de Timothée-Gabriel était à un stade avancé.

Et tout d'un coup, au moment où nos regards se sont croisés et que la douceur de ses yeux m'a atteint comme un coup d'épée au cœur, j'ai senti monter en moi l'envie de me donner à fond pour cet enfant, de lui faire vivre les plus belles expériences du reste de sa vie. Je me suis promis de ne pas le laisser tomber et d'essayer, grâce à tous mes amis et à mon réseau de contacts, de lui faire vivre les plus fabuleux moments de sa courte existence.

C'est l'engagement que j'ai pris ce jour-là.

*

L'opération s'est bien passée. Puis on a commencé à s'appeler, à se donner des nouvelles. Timothée-Gabriel étant un peu réservé et timide, on n'a jamais vraiment abordé le sujet de son amputation de façon directe et franche. J'ai su qu'il éprouvait des douleurs « fantômes », celles que ressentent parfois les amputés. Mais il ne parlait jamais de sa peine de ne plus avoir son bras gauche. Malgré son jeune âge, il avait une très grande sagesse. Il me donnait l'impression d'avoir accepté sa situation, sachant très bien qu'il n'avait pas le choix.

Un jour, je lui ai parlé de l'appel d'Hélène, mon ancienne amie du cégep, et de la drôle de coïncidence qui nous avait réunis, lui et moi.

Me rappelant ma conversation avec Hélène, j'ai facilement trouvé ce que j'allais faire avec Timothée comme première activité : un démo musical destiné aux D.J.! Juste d'y penser, ça me remplissait de bonheur. J'avais hâte de voir ses yeux quand je lui annoncerais la nouvelle.

Comme il habitait chez son père, proche de mon appartement, c'était très facile d'aller le chercher et de l'emmener chez moi tout l'après-midi, puis de le reconduire après.

Dans mon petit studio, je l'ai installé devant mon piano électronique et mon ordi, et je me suis assis à ses côtés. Je le regardais souvent et je voyais ses yeux briller comme ceux d'un petit enfant qui déballe un jouet longtemps convoité. Il semblait heureux, mon Timothée. On a fait des tests de son et on a créé des *loops* (des rythmes et des séquences en boucle), qu'il approuvait ou non. Il en choisissait d'autres et on créait des harmonies. Il était emballé comme ça se peut pas. Je savais que je lui faisais immensément plaisir.

J'aurais voulu que le temps s'arrête, qu'on *tripe* ensemble encore pendant des heures et des heures. Mais comme Timothée avait une énergie limitée, on s'est arrêtés, satisfaits tous les deux de notre première création, entraînante et *funky* à souhait !

Notre duo, MC Tim et DJM, venait de voir le jour, nos rêves les plus fous étaient permis !

Finalement, on a créé une *toune* vraiment bonne, si bonne que je suis fièrement allé la présenter au

D.J. de chez Edgar Hypertaverne, sur Mont-Royal, un endroit où j'allais faire un tour de temps en temps... disons plutôt toutes les semaines, pour être honnête!

Il l'aimait tellement qu'il la faisait jouer régulièrement.

«Notre *toune* est un *hit*, Timothée-Gabriel!»

Quand je lui ai dit ça, j'ai vu sa silhouette se redresser et son sourire fendre son visage comme un éclair dans le ciel.

Maudit que ça fait du bien de faire du bien!

*

Un jour, en parlant avec Timothée de choses et d'autres, j'ai découvert qu'il était «un gars de chars». Il adorait les grandes marques et leurs performances. On pouvait en discuter longtemps sans jamais épuiser le sujet. Il me rappelait ainsi mon enfance. Chaque fois, je faisais un voyage dans le temps, je revenais à l'époque où je fondais littéralement devant une Ferrari ou une Porsche!

Et là, une idée folle m'a traversé l'esprit.

J'ai appelé mon ami André Scheffer, qui possédait alors une Ferrari. Je n'ai pas eu besoin de vendre ma salade très longtemps. En moins de deux, André était rendu à Sainte-Justine où était maintenant hospitalisé Timothée-Gabriel, car sa maladie avait progressé. Je nous revois devant l'entrée principale, André et moi, excités comme deux ados par le bon coup qu'on avait planifié. Avec l'accord des médecins et des infirmières,

Timothée-Gabriel est sorti et, devant la Ferrari rutilante, il est tombé en extase.

Ça valait le coup de voir ses yeux ronds comme des billes !

On a installé Timo à côté d'André, il a bouclé sa ceinture et, en partant, il m'a fait un clin d'œil que je n'oublierai jamais. Son sourire était tellement communicatif que je me suis mis à rire, heureux pour lui. « Vas-y, mon homme ! Profites-en ! *Enjoy* au max ! Tout ça, c'est pour toi ! Tu le mérites, mon Timo ! »

Ils ont fait une longue promenade et je suis certain que les gens les regardaient passer en les enviant. Ils se sont rendus chez le concessionnaire Ferrari, puis André a conduit Timothée jusqu'au Plateau-Mont-Royal, où demeurait une de ses tantes. On avait pensé à tout ! Là, il y avait un comité d'accueil qui attendait l'arrivée de Timothée-Gabriel. On avait acheté du vin et du fromage. Sa famille était là au grand complet, et il y avait aussi des voisins et des amis, dont moi. C'était le *party*, quoi ! Timothée avait l'air heureux. Il filmait tout le monde, et tout le monde le filmait ou le prenait en photo.

Quand j'ai visionné le film de Timothée – le soir même ou le lendemain, je ne m'en souviens plus très bien –, j'ai ressenti un certain malaise, accompagné d'une grande peine. Je voyais, dans les images qui défilaient sous mes yeux, le regard attendri de gens heureux de contribuer à la réalisation d'un rêve de Timothée, mais je percevais également leur tristesse devant cet être qui leur était cher et qui était à la veille de passer « de l'autre côté ».

Comment Timothée vivait-il tout ça, lui ? Ressentait-il la même chose que moi ?

Ces pensées m'ont viré à l'envers et, encore une fois, je suis retourné mentalement dans ma propre enfance.

Je me suis souvenu instantanément des regards de pitié que les gens posaient sur moi quand je souffrais. Quand j'étais petit, j'avais une santé très fragile, j'étais tellement frêle. Je voyais constamment l'angoisse et la peur dans les yeux de mes parents, de mes proches et de l'équipe médicale qui prenait soin de moi. Quand on est un enfant, ce n'est vraiment pas drôle de se faire regarder comme ça et de voir l'inquiétude dans les yeux des « grands ».

Les enfants saisissent beaucoup de choses. Ce n'est pas parce qu'on est jeune et naïf qu'on est inconscient de ce qui nous entoure.

On sait qu'il se passe quelque chose de grave, même à quatre ou cinq ans, quand on voit nos parents quitter notre chambre pour parler au médecin et qu'ils reviennent le visage inquiet et les yeux tristes. On ressent alors le besoin de les rassurer. Ironiquement, c'est souvent l'enfant malade qui est le plus solide et le plus fort dans l'épreuve qui secoue toute la famille.

Puis on se sent parfois coupable de voir nos parents aussi anxieux à cause de soi. Pourtant, on ne choisit pas d'être malade ! Le malaise que je ressentais dans le temps a refait surface alors que je visionnais le film de Timothée-Gabriel. Je refusais qu'on le regarde de la même manière qu'on m'avait regardé.

Quand j'accompagne quelqu'un, j'essaie de ne jamais lui démontrer de pitié ou d'inquiétude. C'est un être humain qui vit, comme moi, et qui ne veut pas être vu comme un mort en devenir... J'accompagne la vie, pas la mort.

*

En plus de mon bénévolat pour Leucan, et toujours dans l'intention de donner un sens à ma vie, j'ai eu envie de vivre une expérience que je n'avais jamais vécue auparavant.

Quelques années avant mon jumelage avec Timothée-Gabriel, j'avais participé à l'émission *Saveurs d'ailleurs* à Canal Évasion. J'y rencontrais des immigrants venus des quatre coins du globe et qui avaient ouvert un restaurant pour partager leur culture culinaire avec les citoyens d'ici. C'est à cette époque que j'ai connu Tony et Rosa, les gentils propriétaires du restaurant *Prato*, une petite pizzeria familiale située sur le boulevard Saint-Laurent, à Montréal.

Un soir, alors que j'y soupais avec une amie, je me suis imaginé travailler là, bénévolement, et recueillir les pourboires dans le but de gâter Timothée-Gabriel. Les proprios ont accepté de me former et de m'embaucher. J'ai adoré jouer le rôle du serveur. J'allais de table en table, apportant les plats aux clients et, à la fin du repas, je leur lançais ma petite tirade : « Le pourboire que vous me laisserez servira à faire des activités spéciales avec un jeune que j'accompagne à Sainte-Justine. Il est atteint d'un cancer en phase terminale et, grâce à vos sous, vous me permettrez de lui faire vivre de beaux *trips*!»

Je me présentais au resto un soir par semaine et, qu'ils me reconnaissent ou non, les clients donnaient généreusement. Je recevais parfois trois fois plus de pourboires que les autres serveurs. La cause de Timothée-Gabriel les touchait et ils voulaient contribuer à leur façon. J'ai récolté les «pourboires-dons» tout le temps qu'a duré mon accompagnement. J'allais travailler là avec plaisir, car j'avais un but bien précis: procurer du bonheur à mon Tim. En plus, je côtoyais une famille extraordinaire, patiente et généreuse avec moi. Je n'étais pas le meilleur serveur, mais j'y mettais tout mon cœur!

Timothée-Gabriel occupait une place importante dans ma vie. Mes amis et moi lui avons fait vivre des moments forts. Avec l'argent des pourboires, il a mangé dans de bons restaurants. Grâce à la générosité de mon ami Jean Langevin, il a assisté à la première d'un film de James Bond au cinéma du Quartier latin. À cette occasion, il a d'ailleurs été photographié avec l'ex-joueur des Canadiens de Montréal Joé Juneau. Ce fut une superbe soirée pour lui. Toutefois, le plus spectaculaire des événements fut sans contredit le vol en hélicoptère de Montréal à Frelighsburg, dans les Cantons-de-l'Est.

Le pilote a offert d'effectuer le trajet gratuitement. Nous n'avions qu'à payer le carburant, ce qui fut fait grâce aux pourboires-dons reçus au resto. Il avait été touché par l'histoire de Timothée et il était très heureux de contribuer à sa façon au bonheur du garçon. Il voulait absolument le conduire jusqu'à ce village, où Timothée aimait aller quand il était plus jeune et où plusieurs membres de sa grande famille habitaient encore.

C'était à la fête des Pères. L'hélicoptère allait partir du toit de l'édifice du *Journal de Montréal* et se poser dans les Cantons-de-l'Est, dans un champ près de la maison du journaliste Pierre Foglia.

Foglia connaissait Timothée-Gabriel ainsi qu'une bonne partie de sa famille. Il avait même déjà écrit quelques articles sur le garçon et son cancer. De toute évidence, il s'était pris d'affection pour lui et il était très préoccupé par son état.

Quelques semaines avant la fête des Pères, j'avais rencontré Pierre à l'hôpital. Quand je suis entré dans la chambre de Timothée, il était là. Ils parlaient calmement tous les deux et j'ai eu l'impression de déranger un peu leur moment d'intimité. Mais Timothée a souri en me voyant. Il avait probablement raconté à Pierre ce que nous faisions ensemble, le plaisir qu'il avait à suivre mes folles idées (sans la présence de ses «gardes du corps» de parents): l'histoire de la Ferrari, le film, la musique qu'on avait composée et l'aventure de l'hélico qui se préparait.

On a cliqué tout de suite, Pierre et moi. Cette rencontre préparait ce qui allait suivre. À la suite d'une demande secrète de Timothée, Pierre a écrit un magnifique texte dans son journal sur mon engagement envers lui et sur ce que nous avions vécu ensemble.

Jamais Timothée ne m'avait parlé de cet hommage qu'il voulait me rendre par l'entremise de son ami Pierre Foglia. Par pudeur peut-être? Je crois sincèrement que Timothée voulait que je sache à quel point il m'aimait et avait apprécié ce que j'avais fait pour lui.

Il m'arrive de relire ce texte à l'occasion et, chaque fois, je verse des larmes. J'imagine mon beau Timothée faisant des confidences à Pierre, à mon insu, en secret.

À la fête des Pères, donc, Timothée est monté dans l'hélicoptère. Moi, j'ai pris mon auto et je suis arrivé une heure plus tard. Encore une fois, tout un comité d'accueil l'attendait. Il a été reçu comme un roi. L'après-midi était bon, la nature était belle et les gens étaient absolument chaleureux et sympathiques. Ce fut une journée magique!

Sur place, j'ai fait plus ample connaissance avec Pierre. Tous deux à l'écart du groupe, nous avons parlé de Timothée et de ses derniers instants à vivre. Nous avons réfléchi à sa mort, au temps précieux qui lui restait et que nous voulions occuper de façon exceptionnelle.

Tout le monde souhaitait faire quelque chose pour Timothée, même mes amis « *tripeux* de *raves* »! Quelques mois auparavant, à la Saint-Valentin, ils avaient créé un événement : *Un rave pour un rêve.*

Mes généreux *tripeux* avaient l'habitude de donner une partie de l'argent qu'ils récoltaient grâce à leurs soirées à une cause qui leur tenait à cœur. Comme ils savaient que je faisais beaucoup de bénévolat, ils m'ont demandé s'ils pouvaient contribuer à une des miennes. Sans une once d'hésitation, ils se sont engagés à fond dans le projet pour Timothée-Gabriel. À ce moment-là, mon protégé passait plus de temps chez lui qu'à l'hôpital et il aimait beaucoup regarder la télé. Grâce à la collecte de fonds de mes amis, nous avons pu lui acheter un téléviseur flambant neuf et lui payer un abonnement à une foule de postes, y compris le *Playboy Channel*, une demande spéciale de Timothée!

Je pensais souvent à Timothée-Gabriel. Je cherchais constamment des idées pour le faire rire, pour lui faire du bien, pour le rendre heureux.

J'essayais de me mettre dans sa peau le plus souvent possible. Que pouvait-il vouloir à son âge? Comment étais-je, moi, à seize ou dix-sept ans? Qu'est-ce que je souhaitais le plus? Je me rappelais alors que je ne pensais pratiquement qu'à une seule chose: le sexe. Ah, peut-être aussi le football! Je me disais que Timo ne devait pas être si différent des autres gars de son âge.

Un après-midi, lors d'un échange avec lui, je lui ai demandé:

— Coudonc, Timo, à ton âge, tu dois avoir les hormones au plafond, non? T'aimerais pas ça, genre, avoir une pipe?

Les yeux ronds de Timothée et son air un peu paniqué m'ont surpris.

— Ben non, Timothée! Pas par moi, mais par une masseuse ou une escorte, si tu préfères!

— Euh… ben oui! répondit-il, d'abord hésitant, puis de plus en plus excité. Oui, certain! Ça serait super! Mais comment faire, ici, à l'hôpital?

— Fais-moi confiance. Quelqu'un qui veut trouve un moyen. Quelqu'un qui ne veut pas trouve une excuse.

— Oh, *yes*, super idée! Go, DJM!

Alors j'ai fait des recherches et téléphoné à bien des gens, sans succès. J'en ai même parlé à Pierre Foglia et sa réaction a été surprenante :

— Jean-Marie, je paye moitié-moitié avec toi ! Je fais des recherches moi aussi et je t'en reparle !

Deux vrais délinquants ! Pierre a trouvé l'idée plus qu'emballante et m'a aidé à la réaliser. Il faut dire que, pour que ce projet-là voie le jour, il fallait contourner un obstacle majeur : la présence continue de la mère de Timothée à son chevet. C'est un phénomène courant à l'unité de soins palliatifs des hôpitaux pour enfants. Quand un enfant est très malade, sa mère est presque toujours là, *scotchée* à lui. Elle ne le laisse pratiquement pas une minute tout seul. Et c'est exactement ce qui se passait avec notre protégé. Il y avait entre eux un lien extrêmement puissant. Ce n'était plus une relation mère-fils, c'était devenu une relation d'amour profond, d'amour pur, comme elle me l'a si bien dit plus tard. Et séparer ces deux êtres, ne serait-ce qu'une heure, n'était pas chose facile, croyez-moi !

Il fallait trouver un subterfuge, user de ruse pour distraire la mère afin que Timothée puisse profiter de ce traitement «bien spécial». On avait donc décidé que la maman se ferait masser elle aussi, au même moment, dans une autre chambre, par une massothérapeute de Leucan, pendant qu'une «professionnelle de la santé» s'exécuterait dans la chambre de Timothée.

Puis j'ai finalement trouvé la «spécialiste». On s'est entendus sur une heure de rendez-vous.

Tout était prêt.

Mais…

La veille de la journée fatidique, j'ai reçu un coup de téléphone de Timothée-Gabriel. Un peu hésitant, mal à l'aise, il m'a dit d'une petite voix :

— Jean-Marie, je ne veux pas qu'elle vienne.

— Mais pourquoi ?

— Je ne veux pas que ma mère, après ma mort, réalise que j'ai fait des choses à son insu. Je ne veux pas qu'elle ait honte de moi. Me comprends-tu ?

— Oui, mon Tim… Je te comprends et je respecte ça. C'est beau, mon homme ! Faut pas t'en faire, OK ? Mais, euh… si tu me le permets, je vais la partager avec Pierre. Elle est payée, *anyway* ! (Ben non, c'est une *joke* !)

*

Aux funérailles, je marchais à côté d'Edwige, la maman de Timothée, et, en la tenant par les épaules, je lui ai parlé du plan que nous avions fomenté, Pierre et moi.

— Mais ton beau Timo a refusé à la dernière minute. Il n'a pas voulu te décevoir ni te trahir. Il ne voulait pas que tu aies honte de lui et que tu en gardes un mauvais souvenir, après sa mort.

Elle a éclaté de rire, d'un bon rire heureux, plein de tendresse pour son enfant disparu.

— J'aurais tellement aimé qu'il se gâte… Timothée a trop souvent accepté ce qu'il ne voulait pas pour faire plaisir aux autres et refusé de se faire plaisir pour ne pas me déplaire. Il s'est trop souvent oublié, mon pauvre enfant !

*

À la fin du mois de juin, à peine deux semaines avant son décès, on avait organisé, Timo et moi, toute une dégustation de vins et fromages : six bonnes bouteilles et six bons fromages. Grâce à la complicité et à la générosité d'amis, nous avons même pu avoir accès gratuitement à une salle de dégustation à la SAQ de l'avenue Laurier.

On attendait tous Timothée devant l'entrée, mais il n'arrivait pas. Quand on a su qu'il n'allait pas assez bien pour sortir, on s'est « virés sur un dix cennes » : on a décidé d'aller le rejoindre à l'hôpital et de faire la fête dans sa chambre, avec bien sûr l'accord des infirmières et des médecins.

Quel *party* ! Ça sentait le vin et les petits pieds, mes amis, jusque dans le corridor ! On l'entourait de joie. Il s'est laissé aller en notre compagnie et je sais que ces minutes ont été très précieuses pour lui. Comme pour nous tous.

*

C'était important pour moi de me servir de mon réseau pour tenter d'adoucir les derniers jours de Timothée. J'ai sollicité mes meilleurs contacts. Beaucoup de ceux que j'appelais entraient dans mes folies et en ressortaient profondément ébranlés. Tous ceux qui l'approchaient étaient impressionnés par sa sagesse et sa lucidité.

*

J'ai beaucoup pleuré aux obsèques. On m'a invité à prendre la parole pour rendre hommage à

Timothée et j'ai pratiquement été incapable de le faire. J'étais constamment obligé d'arrêter de lire. C'était pris là, au fond de ma gorge. Je m'étais totalement attaché à lui. J'étais en deuil de mon jeune ami.

Je me suis vraiment investi avec Timo.

Pour accompagner quelqu'un dans ses derniers moments, je pense qu'il faut absolument s'engager totalement. T'embarques ou t'embarques pas ! Ça ne peut pas se faire à moitié. La personne en fin de vie ressent ton engagement s'il est sincère et te le rend au centuple. On s'épuise moins si on se donne entièrement. Se protéger, construire des barrières, demande beaucoup d'énergie.

Comme le disait Lou Andreas-Salomé : « C'est en se donnant qu'on s'obtient complètement » et, bien honnêtement, le seul mérite qu'on peut avoir quand on décide de faire de l'accompagnement en fin de vie, c'est que, malgré la très grande peine qu'on aura à vivre, on s'implique à fond. On s'embarque dans une relation affective qui aura une fin. Malgré toute notre bonne volonté, la mort survient. On n'y peut absolument rien. On se donne et on reçoit avec intensité, puis on pleure, inévitablement.

Quand on y pense, verser des larmes, c'est le signe qu'on a aimé cette personne, qu'on s'est attaché à elle. Qu'on a créé un lien précieux avec elle et qu'elle va nous manquer. Nos larmes peuvent être l'ultime cadeau d'amour au mourant.

Ce sont ces larmes qui m'unissent à la famille de Timothée-Gabriel et de tous ceux que j'accompagne en fin de vie.

Un enfant meurt. Un fils ou une fille. Un frère ou une sœur. C'est une perte terrible qui nous arrache le cœur. En me rapprochant de l'intensité du lien qui unit cet enfant aux membres de sa famille, je suis capable de mieux comprendre et de partager leur peine et leur impuissance.

Je me rapproche ainsi de leur souffrance.

*

Quand j'accompagnais Timothée, je prenais toujours des notes. J'écrivais tout ce qu'il me faisait réaliser à propos de l'aspect précieux de la vie. Je le remerciais de me rendre conscient des petits plaisirs comme des grands.

Pendant un des rares moments où nous nous sommes retrouvés seuls dans sa chambre, quelques semaines avant sa mort, j'ai eu l'immense privilège de lui faire connaître les grandes lignes de ces réflexions.

Assis dans son fauteuil, très silencieux, il me regardait tendrement. Il m'écoutait lui rendre hommage. Les mots sortaient de ma bouche sans être filtrés par la raison ; c'étaient des mots du cœur. J'étais branché sur mon Timo, je me sentais très proche de lui, de ce qu'il pouvait ressentir à cet instant même. Quand je me suis tu, à la fin, il a simplement pris ma main, la gorge nouée, et l'a serrée très, très fort, sans dire un mot. Il y a eu un très long silence, que j'ai savouré. Dans ce silence, on s'était tout dit.

Ce sont ces mots que j'ai lus lors des funérailles de Timothée-Gabriel.

Cher Timothée-Gabriel,

Je veux simplement te dire merci.

Merci de m'aider dans ma vie. Savais-tu que, depuis que je te connais, je suis devenu une meilleure personne ?

Je suis moins égoïste, plus sensible aux autres, aux activités et aux petits plaisirs de la vie courante qu'on tient trop souvent pour acquis. Ta vie au quotidien, à la maison ou à l'hôpital, me fait réaliser à quel point je suis chanceux d'être capable de prendre une douche, d'aller à la banque, d'admirer la beauté de la nature, de déguster du chocolat (des Twix, par exemple !), de me lever de mon lit, tout seul.

Il m'arrive très souvent de penser à toi quand je suis au volant de ma Fiat décapotable, au gym en train de m'entraîner, à l'épicerie, au cinéma, quand je médite, quand je travaille au resto Prato, quand je suis avec des filles, quand je fais le party… Je me rends compte alors à quel point je suis chanceux de pouvoir triper comme ça…

Merci, Timothée, d'allumer ma conscience.

Tu me fais réaliser que mes petits soucis sont souvent en réalité très petits. Qu'être autonome et en santé, c'est une richesse qu'on tient trop pour acquise.

Tu l'sais-tu que je me dis souvent : « Si MC Tim était à ma place, c'est certain qu'il en profiterait comme un fou ! » ? Alors, dans ce temps-là, j'y vais encore plus à fond.

Tu provoques en moi une urgence de vivre.

Tu ne sais pas à quel point je suis privilégié de te côtoyer.

Grâce à toi, j'apprends à vivre… pendant que toi, tu te prépares à mourir.

Toi qui es en train de souffrir, de perdre tout ce que tu as de plus précieux, tu m'aides à apprécier ce que j'ai dans ma vie. Ton attitude face à la maladie m'a ouvert le cœur encore plus.

Si mon témoignage peut donner un sens à ta souffrance, laisse-moi te dire que ma vie a elle aussi un sens différent depuis que je te connais. Ce sens, c'est celui de l'amour. Aimer. Aimer la vie, aimer les gens, s'aimer soi-même.

Être ce que tu es, c'est le plus beau cadeau que tu puisses m'offrir.

Je ressens l'urgence d'être heureux. Aujourd'hui, maintenant. Et être heureux veut dire pour moi aimer.

Tu l'sais-tu que je t'aime, Timothée ?

Ton chum, DJM.

*

Un accompagnateur, c'est un peu comme une commode. Le mourant vient chercher en nous ce dont il a besoin. Mais il peut aussi y déposer des trésors inestimables. C'est ce qu'a fait Timothée, et je profite aujourd'hui des fruits et des richesses de notre amitié.

Il reste une question que je me pose souvent : qui accompagne qui ?

Les lieux sont immenses, la foule est dense.

L'eau crasseuse se soulève et nous donne le mal de mer. On a presque tous pris des Gravol pour pouvoir pagayer sans vomir. Les organisateurs ont beau avoir fait construire des barrages temporaires, les grosses vagues que produisent les paquebots et le courant fort nous atteignent quand même dans le bassin.

Notre bateau monte et descend comme en pleine mer. Ouf! Pas évident!

Et cette chaleur... et cette puanteur...

*

On donne le coup d'envoi. C'est un départ!

Les pagaies bougent toutes en même temps, en suivant la cadence. Bang. Bang. Bang... Le tambour résonne dans nos oreilles.

On pousse, on tire. Jon nous crie d'y aller encore plus fort. L'eau fait des vagues derrière nous tellement *on va vite. Je pousse au maximum de ma force. On traverse les vagues que crée l'équipe devant nous, et l'équipe qui nous suit, celle des Philippins, surfe sur les nôtres.*

Leur bateau, juste derrière nous, se rapproche dangereusement.

Les distancer sera difficile !

La largeur des corridors n'est pas réglementaire ! Encore cette pensée qui monte. Je dois la chasser, et vite. Pas le temps de perdre confiance. Allez, Jean-Marie, pousse, pousse, pousse.

Je dois rester concentré.

Plus vite, plus fort ! On dépasse nos voisins d'une tête de dragon. Nos embarcations, fabriquées en Chine, ont un fond un peu plus courbé que celui de nos bateaux allemands habituels. Elles sont plus instables… Mais il ne faut pas que je me laisse déstabiliser par cette idée. Je dois garder le cap et foncer.

Planter la pagaie le plus profond possible malgré les vagues ! C'est tout ce que j'ai à faire. Ne pas penser. Exécuter. Ramer au rythme du tambour, avec les autres.

*

Nous avons de l'avance, mais pas énormément. Je donne tout ce que je peux. Notre embarcation vole presque sur l'eau.

Soudain, je sens une présence à ma droite.

8

DEUX ANS DANS
LA CHAMBRE D'AMIS

«Demain tu seras vieux, pourtant tu verras mieux
Tu te retourneras en arrière
Alors tu comprendras ce que je sais déjà
Tout comme le savait mon vieux père
Et seul comme un trop vieux spectateur
Voyant ton fils dans l'arène
Alors tu sauras ce qu'est la peur
Tu comprendras combien je t'aime. »

Jean Lapointe (extrait de *Demain mon fils*)

E h oui, aussi curieux que cela puisse paraître, je suis retourné vivre chez mon père à trente-sept ans. J'étais vraiment mal pris, direz-vous? Pas du tout. Je me considère comme privilégié. Combien de fils ont la chance de vivre une telle proximité avec leur père à l'âge adulte ? En fait, je pense que je devais passer par cette étape dans ma vie et je crois sincèrement que rien n'arrive pour rien.

Peu de temps après ma séparation, j'ai rencontré une femme qui m'a complètement séduit. J'étais énormément attiré par elle, à tel point que j'en ai perdu la tête !

Un beau matin, alors que je venais d'emménager dans mon demi-sous-sol de Rosemont, elle m'a appelé :

— Jean-Marie, pourquoi ne viendrais-tu pas me rejoindre à Québec ? On pourrait passer un beau moment et voir si ça clique entre nous. Qu'en dis-tu ?

— C'est une super idée ! Mon père y donne justement un spectacle ce week-end et j'avais l'intention d'y aller. Je ferai d'une pierre deux coups !

J'étais sur un nuage ! J'allais passer un week-end en tête à tête avec la femme qui faisait battre mon cœur… et vibrer tout mon corps !

Le vendredi, j'ai donc pris la route pour aller la retrouver dans la capitale nationale. Je roulais « légèrement » au-dessus de la vitesse permise. Je chantais haut et fort dans mon auto. J'avais la tête pleine de promesses ! Attache ta tuque, la grande ! *Here I come, baby !*

On s'était donné rendez-vous pour le souper dans un restaurant branché, avec une atmosphère *cool*. J'ai à peine touché à mon repas, en raison de l'excitation et de la passion que je ressentais, et de la fabuleuse femme assise devant moi, que je dévorais des yeux. J'étais sur un *high*, mes amis ! Je volais…

On a dégusté le dessert dans la chambre. Longtemps. Lentement. Délicieusement.

Mais…

Le lendemain, l'énorme montgolfière qui grossissait dans ma tête depuis quelques semaines s'est dégonflée à toute vitesse. Plus les minutes passaient, plus j'angoissais. Je sentais une pression très forte au niveau du thorax. Je cherchais mon souffle. J'éprouvais un malaise profond qui me faisait réaliser que je n'étais pas à ma place. Je n'étais pas prêt. Je n'avais qu'une envie : sortir de là au plus vite !

Je venais à peine de me séparer. J'étais en train d'en prendre conscience, pleinement conscience ! Je réalisais subitement que mes sept années de vie de couple s'étaient effondrées pour de bon. Je débarquais sur terre d'un coup sec.

Le choc a été brutal. En pleine crise d'angoisse, j'ai foutu le camp.

Dans l'auto, en direction du théâtre où jouait mon père, j'avais une boule dans la gorge, des nausées, même. Ma détresse était réelle et physique.

Tout juste avant le spectacle, je suis allé voir mon père, comme je l'ai souvent fait quand j'étais enfant. On était dans sa loge. J'étais assis sur le divan et je fixais le sol tout en lui racontant ce que je vivais : l'échec de mon mariage, l'échec de cette rencontre, le malaise que je ressentais intérieurement. En relevant les yeux, j'ai vu qu'il me regardait, l'air triste et inquiet, et j'ai fondu en larmes. Je redevenais un petit garçon désemparé, désorienté. J'avais besoin de mon père. J'éprouvais à la fois du soulagement d'être enfin près de lui et une immense peine, sans nom, devant ce que je considérais à l'époque comme l'échec de ma vie.

Le visage totalement décomposé, les yeux bouffis, j'ai demandé à mon père s'il accepterait de m'héberger chez lui quelques semaines, le temps de remettre mes morceaux en place et de me refaire un moral.

Mon père m'a alors tendu la main pour m'aider à me relever, au sens propre comme au sens figuré. En posant une main sur mon épaule, il m'a dit sur le ton rassurant que je lui connaissais bien :

— Ça me fait plaisir, voyons ! Tu prendras la chambre d'amis et tu resteras autant que tu voudras, mon « ti-t'homme ».

J'étais rassuré. Ses paroles m'ont fait un bien énorme et ont comblé une partie du vide affectif que je vivais. À mon retour à Montréal, j'ai donc fait mes boîtes et j'ai débarqué chez mon père quelques jours plus tard. Je devais y rester temporairement. Ouais…

Les semaines ont passé et mon divorce a été prononcé. Avec la vente de notre maison à Outremont, j'ai pu acheter le condo dans lequel je vis encore aujourd'hui. J'envisageais d'y emménager dès que mon moral serait revenu au beau fixe, mais je n'avais pas prévu ce qui allait suivre.

Depuis que j'habitais chez mon père, je passais du bon temps avec lui. Je prenais goût à la cohabitation avec mon vieux paternel. Entre nous, il n'y avait rien de compliqué. Pas de questions. Rien à justifier. Mon père me laissait vivre cette transition comme si elle devait tout simplement avoir lieu. Sa seule présence me suffisait. Je retrouvais une paix et une sécurité qui me faisaient un bien énorme. Je reprenais confiance en moi et, petit à petit, j'apprenais à ne plus voir ma vie comme un échec, mais bien comme un apprentissage.

Pendant que je remontais la pente tranquillement, ma sœur Catherine, elle, la descendait. En pleine réorganisation de sa vie et de son travail, elle se cherchait un appartement en ville en attendant de s'installer définitivement à la campagne, son grand rêve. Comme je n'occupais pas encore mon condo et que je n'étais pas prêt à l'habiter tout de suite, je lui ai proposé de le prendre.

— Installe-toi, Catou! Sens-toi bien à l'aise. Ce sera chez toi aussi longtemps que tu en auras besoin.

C'était à mon tour de tendre la main. Il faut donner au suivant, n'est-ce pas?

Catherine m'a pris au mot et s'est installée dans mon condo... pendant deux ans. À un moment donné, nous avons songé à devenir colocs, mais, en y pensant bien, on a décidé qu'il valait mieux préserver notre bonne entente en évitant que le quotidien finisse par la miner. Une autre chose m'empêchait de quitter l'appartement de mon père : un projet qui était en train de prendre vie et qui allait changer le cours des années à venir.

Je suis donc resté dans la chambre d'amis. À partir de ce moment-là, un des épisodes les plus créatifs de mon existence s'est mis en branle. Je me suis remis à la musique, comme je rêvais de le faire depuis des lustres : composition, arrangements électros, remixage de bandes originales... Progressivement, au fil des semaines qui passaient, je me sentais revivre. Mon énergie me revenait au rythme des projets que j'élaborais.

Un jour, Michel Cormier, un de mes bons amis du gym, m'a dit :

— Hé, Jean-Marie, t'as jamais pensé à faire un remix des *tounes* de ton père? Il me semble que tu ferais quelque chose de bon! Le fils qui remixe les chansons de son père, c'est *hot* comme concept, non ?

C'était une idée qui ne m'avait jamais effleuré l'esprit, mais qui a eu l'effet d'une bombe dans ma tête. C'était génial ! J'ai plongé dans ce projet comme si ma vie en dépendait.

Je me suis d'abord mis à réarranger la pièce *Mon oncle Edmond*. J'ai passé des heures et des heures à modifier la chanson de mon père avec des rythmes *house* et des textures électros pour moderniser le tout. Je sentais que j'avais un filon fantastique qui méritait d'être exploité. J'étais concentré, captivé. Je créais, le matin ou le soir, entre mon bénévolat et le gym, assis devant mon clavier et mon ordi. Des heures de plaisir !

Une fois le réarrangement fini, je l'ai fait écouter à Michel :

— Wow ! Jean-Marie, c'est excellent ! Faut pousser ça ! Faut que ça joue partout, faut qu'on entende ce remix-là dans ton démo, mon chum !

L'enthousiasme de mon ami m'a fait chaud au cœur. J'accordais beaucoup de crédibilité à son jugement. C'était un bon musicien qui connaissait bien la musique moderne, alors je lui faisais totalement confiance.

Mais c'est l'opinion de mon père qui était capitale pour moi. J'étais en train de réarranger SA chanson. S'il n'aimait pas ce que je faisais, c'en était fait de mon projet. Je devrais tout arrêter et passer à autre chose. Je dois admettre que je vivais un certain stress à l'idée de lui faire entendre le résultat final.

Par un beau matin (le meilleur moment de la journée pour lui proposer quoi que ce soit, en passant!), prenant mon courage à deux mains, j'ai plongé :

— Euh… papa, j'aimerais te faire entendre quelque chose.

Il s'est approché tranquillement de mon studio et s'est appuyé sur le cadre de la porte. Il a fixé un point sur le mur et, moi, j'ai fait jouer *Mon oncle Edmond*, version DJM. Comment allait-il réagir ?

Pendant qu'il écoutait, je le dévisageais. Je scrutais ses moindres gestes, j'analysais son langage non verbal. Au début, il était sérieux et avait l'air songeur. Puis, au bout de quelques secondes, j'ai vu poindre un sourire sur ses lèvres. Il écoutait avec énormément d'attention. Je le sentais totalement émerveillé, absorbé et, je crois, complètement surpris et impressionné.

À la fin, il m'a jeté un coup d'œil complice, puis il a éclaté de rire.

— Wow ! J'adore ça ! C'est moderne, vivant, surprenant ! Continue, Jean-Marie ! Peux-tu en faire d'autres ?

Je l'ai pris au mot. J'ai finalement réarrangé un album complet !

Grâce à Bernard Caza, le gérant de mon père à l'époque, j'ai mis la main sur les bandes audio originales de ses *best of* des années 1970 et 1980 qui avaient été cachées en lieu sûr. Je les ai fait transférer sur DVD dans un studio professionnel et je me suis mis au travail. Je me suis attardé à chacune des pièces avec énormément d'application. Je polissais les chansons comme un bijoutier polit ses pierres.

Comme mon père était sénateur à Ottawa, il quittait la maison le lundi et revenait le vendredi.

Pendant son absence, je travaillais sur une chanson et, à son retour, il écoutait ce que j'avais fait et passait ses commentaires. Moi, je peaufinais mon remix selon ce qu'il m'avait dit. Et ainsi de suite, de semaine en semaine. J'avais l'immense privilège de redonner vie aux chansons de mon père que je préférais. J'ai été porté par ce projet pendant deux années magnifiques.

Mon père m'a donné carte blanche. Il me faisait confiance et j'étais libre de faire ce que je voulais avec ses chansons. Jamais je n'avais senti autant de reconnaissance de sa part. C'était pour moi une sorte de consécration de son amour. Il me communiquait, dans son langage d'homme de soixante-sept ans pas toujours à l'aise avec l'expression de ses sentiments, qu'il était vraiment fier de moi !

Peu après, il a été invité à l'émission de Christiane Charette sur les ondes de Radio-Canada. Je l'entends encore parler de mon projet de disque. Il était vendu à ma cause comme c'est pas permis ! Il voulait absolument que je me trouve un producteur. Ses paroles ont fait mouche. Le lendemain, j'ai reçu un appel et, quelques jours plus tard, je signais un contrat. On allait enfin produire un DVD présentant des spectacles et des numéros de mon père, en plus d'un CD de mes arrangements ! Il ne manquait plus que le financement, qui a été trouvé quelques mois plus tard, grâce à la générosité d'un ami de mon père.

La création de l'album *Lapointe avec un S* a été un moment fort de ma période «Tanguy», mais ce ne fut pas le seul. Un autre projet tout aussi emballant nous attendait, mon père et moi.

Guy Latraverse, l'ancien impresario de mon père, l'a approché pour produire une série télé intitulée *Les Sentiers de ma vie*. Le concept ? Un genre de *road movie* en quatre épisodes pendant lequel je devais recevoir les confidences de mon père tout en visitant des lieux et des gens qui avaient marqué sa vie. On a ri aux larmes et pleuré aussi, comme on a rarement l'occasion de le faire entre hommes. Nous étions confinés dans une automobile et nous devions visiter les sentiers de ses souvenirs. Il me parlait de ses vieux amis, de son enfance, de ses parents. Je faisais avec lui un voyage non seulement sur les routes du Québec, mais aussi dans son passé, dans tout ce qu'il avait de beau et de triste à la fois. J'ai pu comprendre d'où venait mon père, et peut-être aussi mieux comprendre qui j'étais grâce à son vécu.

Je garde de ce périple un souvenir impérissable. D'autant plus que j'ai eu le bonheur de faire la musique des *Sentiers de ma vie* avec mon ami Michel F. April, celui qui avait coréalisé l'album *Lapointe avec un S*. Toute cette aventure a duré près d'une année... Et quelle année !

On aurait dit que le fait de vivre ensemble stimulait notre créativité. Non seulement nous avons produit un album et une série télé, mais nous avons aussi amorcé la scénarisation d'un spectacle inspiré de notre cohabitation.

Aidés de François Léveillée et de Jean-Christian Thibodeau, nous avons accouché du *show Faces à Farces*. Tout reposait sur la cohabitation père et fils, sur le conflit des générations. Je jouais le rôle du fils qui ne voulait pas partir de la maison, ce qu'on appelle communément un «Tanguy». Il sentait qu'il devait rester parce que son père était trop vieux et trop sénile pour vivre seul. Mon père jouait celui qui en a assez de se faire surveiller. Il voulait manger son steak et fumer autant qu'il le désirait sans que son fils lui parle constamment de tofu et de cancer, il souhaitait vivre dangereusement sans toujours avoir à se préoccuper de sa santé. Combien de fois, en écrivant ce scénario, avons-nous pouffé de rire tellement la vérité nous sautait en pleine face! On aimait chanter, composer et écrire… On aimait être ensemble. Point!

Mon coloc, mon ami, mon confident, c'était mon père. Quand on vit des périodes difficiles, on cherche intuitivement à se rapprocher de nos racines, de ceux qui nous connaissent le mieux. Au cours de ces deux années et des poussières, j'ai aimé mon père profondément. J'ai vécu chaque minute avec énormément d'abandon et de plaisir. On s'alimentait l'un l'autre dans nos projets les plus fous. On s'accordait comme le violon et le violoncelle. On se nourrissait de musique et d'humour. Mon père rajeunissait et, moi, je m'épanouissais.

Quand j'étais enfant, il travaillait beaucoup. Il était souvent absent. Comme j'ai été pensionnaire durant une bonne partie de mon primaire, je pouvais passer des semaines sans le voir. Je l'accompagnais dans ses tournées quand j'étais en vacances, mais on était la plupart du temps loin l'un de l'autre.

Quand j'ai emménagé chez lui, il travaillait un peu moins et était plus présent. Comme nous étions des adultes, la communication se faisait à un autre niveau. Il y avait du respect. Et de l'amour.

Au cours de mon séjour chez mon père, je faisais davantage de méditation et de bénévolat.

Il me regardait du coin de l'œil et je sentais son approbation malgré nos différences. Un jour, il m'a dit :

— Je ne suis pas inquiet pour toi, Jean-Marie, parce que tu es lucide.

J'allais dans les *raves*. Il savait que je m'amusais, mais il voyait bien que je ne perdais pas la maîtrise de ma vie. Il avait totalement raison, d'ailleurs, de me donner sa confiance. Je gardais la tête sur les épaules, et je tâchais de la remplir de pensées et de gestes significatifs et utiles aux autres. Le bénévolat et le bateau-dragon étaient le résultat de ma prise en charge. Je demeurais en contrôle et il le voyait bien.

Puis il a fallu mettre un terme à tout ça. En 2005, ma sœur m'a annoncé qu'elle allait vivre à la campagne.

J'ai donc fait mes valises, rangé mon ordi et mes instruments de musique. J'ai plié mes couvertures, décroché les cadres et les affiches que j'avais mis sur les murs de «ma» chambre d'amis. C'est drôle, quand j'y pense. J'ai occupé pendant deux ans la chambre d'amis de la maison de mon père et j'ai vraiment eu l'impression de développer avec lui une grande amitié, une amitié rare dans une vie. Combien de fils deviennent l'ami de leur père ?

Quand j'ai quitté le nid familial pour la deuxième fois, j'ai vu mon père pleurer.

Appuyé sur le mur de sa chambre, le dos voûté, il m'a salué en s'essuyant les yeux rapidement. Cette image fait monter en moi énormément de tendresse et restera dans ma mémoire longtemps.

Le 25 janvier 2005, on a lancé l'album *Lapointe avec un S* au Lion d'Or. Puis nous avons présenté notre spectacle dans plusieurs villes de la province. Pour moi, la tournée a été comme une prolongation de notre cohabitation, comme si on n'avait pas voulu que ça s'arrête trop vite, comme si on avait encore besoin l'un de l'autre, besoin de partager des minutes précieuses ensemble.

On a donné près d'une centaine de représentations.

Je souris et je m'attendris quand j'y pense. Quelle belle époque c'était, tellement fructueuse, si riche d'échanges ! Tout ça parce que mon père m'avait tendu la main quand j'avais un genou à terre.

Ma relation avec mon père est au centre de ma vie. On a eu des moments difficiles à cause de ses problèmes d'alcool et de jeu, mais on a aussi vécu des périodes extraordinaires où j'ai pu, moi aussi, aider mon père. J'étais assez fort, à l'époque. On a dansé la valse du donnant-donnant tout le long de notre vie, lui et moi.

Les gens qui m'entourent me trouvent très chanceux d'avoir une telle relation avec mon père. C'est un choix que j'ai fait. J'aurais pu me retrouver ailleurs, mais j'ai voulu vivre ça. J'avais le pressentiment que l'expérience valait la peine d'être vécue, que quelque chose de grand en ressortirait. Et la vie m'a prouvé que j'avais raison.

Mon père a été mon premier confident, mon mentor, mon modèle. Quand j'étais enfant, puis jeune adulte, je le regardais vivre et je me disais :

«Oui, j'aime ça, je veux faire comme lui!» Ou bien: «Non, jamais je ne ferai ce qu'il fait, ça, c'est clair!» Il a été l'exemple à suivre et à ne pas suivre.

Cette cohabitation a été un laboratoire et notre expérience de rapprochement a donné naissance à des projets professionnels dont on est tous les deux très fiers, et ce, peu importe le succès commercial obtenu.

La réussite d'un projet ne se mesure pas au nombre de billets ou d'exemplaires vendus, ou de récompenses accumulées, mais au degré de satisfaction personnelle ressentie.

J'étais fier quand je faisais écouter une *toune* à mon père et qu'il l'aimait. J'étais fier de l'album, de la série, du spectacle et de la tournée qui a suivi parce que je voyais le bonheur dans ses yeux. Il y a eu beaucoup d'amour. Je l'ai aimé et je me suis senti aimé, complètement.

La bulle dans laquelle mon père et moi avons flotté pendant ces deux années a été plus intime et plus intense que celle dans laquelle je m'étais plongé en écrivant le livre *Mon voyage de pêche*[7]. Je l'avais écrit à son insu, en cachette, parce que je voulais lui faire une surprise. Mais, même si l'intention était bonne, ça n'a pas donné le résultat escompté. Le livre a soulevé toute une polémique dans la famille.

Alain Stanké allait publier un livre pour rendre hommage à mon père: *Presque tout Jean Lapointe*[8], où il était question de sa carrière, de ses textes, de ses chansons, de ses monologues, de ses films.

---

7. *Mon voyage de pêche*, Éditions Stanké, 1999 et 2005.
8. *Presque tout Jean Lapointe*, Éditions Stanké, 1999.

Lorsque je suis allé le voir avec mon projet de livre, il a tellement été touché et emballé qu'il m'a dit : « On va le produire et, dans un an, on le lancera en même temps que le livre sur ton père. On va le surprendre. Il va adorer ça ! »

Le soir du lancement, il y a eu une conférence de presse. J'avais planifié avec Alain Stanké que je me présenterais à la fin et que j'offrirais mon livre à mon père devant la presse et le public. Le moment venu, je me suis avancé vers lui, tout heureux, et j'ai dit : « Papa, voici un livre que j'ai écrit pour te rendre hommage : *Mon voyage de pêche !* »

Contre toute attente, sa réaction a été mi-figue mi-raisin. Il était ému, certes, mais mal à l'aise en même temps. Jean Lapointe n'aime pas se faire surprendre, surtout pas devant le public et les journalistes. Je l'ai appris ce soir-là.

Plusieurs personnes n'ont pas aimé que je dépeigne dans mon livre certains détails de mon enfance et de ma vie : l'alcoolisme de mon père, les périodes difficiles de notre vie familiale, ma tentative de suicide, la mort de ma mère et le sentiment d'impuissance que mon père avait éprouvé à son décès, mais qu'il ne m'avait jamais exprimé.

Pourtant, je racontais aussi que, grâce à tous ces côtés plus sombres de nos vies, j'étais devenu une personne plus forte et résiliente, grâce à lui en grande partie. Je disais que j'avais métabolisé tout ça positivement. Tout l'hommage que je lui rendais était rempli d'amour.

Mon père n'avait pas lu le livre, mais sa conjointe de l'époque et mes tantes, oui. J'ai l'impression que, en plus de ne pas avoir saisi l'amour qui habitait chaque ligne de mon texte et peut-être à cause du décalage générationnel, elles ont voulu surprotéger mon père, le plus jeune des garçons de la famille. Leurs deux autres frères, Anselme et Gabriel, étaient décédés récemment.

Mon père et moi avons été en froid à la suite de la parution de mon livre. Nous ne nous sommes pas parlé pendant plusieurs mois. En ce qui concerne mes tantes, le froid a duré bien plus longtemps encore et aurait sûrement perduré sans l'intervention de tante Cécile.

Quelques semaines après le lancement, j'ai reçu un coup de fil de ma tante, qui m'a dit qu'elle avait lu mon livre et qu'elle l'avait aimé.

Avant de me téléphoner, elle avait attendu de le lire une seconde fois afin de bien comprendre les sentiments et les messages d'amour que j'avais écrits à mon père. Elle avait réellement saisi toute l'admiration que je lui manifestais, malgré les difficultés relationnelles et les passages bouleversants racontés en détail dans le livre.

C'est ma tante Cécile qui a probablement servi de médiatrice et qui, avec sa grande douceur, sa compassion et sa bonté, a sans doute créé un rapprochement entre nous tous.

Malgré tout, le livre a été bien reçu par le public. Les ventes ont été très bonnes. Il a même été réimprimé en plusieurs milliers d'exemplaires, en plus d'être adapté en version audio.

Aujourd'hui, mon père ne lit plus beaucoup. Il ne se pose plus autant de questions. Il vieillit et, maintenant qu'il a soixante-dix-sept ans, je ne le changerai pas. J'ai souvent essayé de le faire, mais j'ai échoué chaque fois.

J'ai réalisé finalement que c'est plus simple de me changer moi-même et de l'accepter tel qu'il est. Il n'a jamais lu mon livre au complet, même s'il a écrit la préface de la réédition. Eh bien, c'est comme ça! Il ne le lira certainement pas plus sur son lit de mort. Alors, je me dis qu'au moins ce livre m'a fait du bien. Ce fut une thérapie. Je l'ai écrit avec ma sœur Maryse. Des gens ont reconnu à quel point elle avait un grand talent d'écriture.

La moitié de mes redevances ont été données au centre Le Grand Chemin. J'ai fait du bien et c'est ce qui compte pour moi.

Quand on se rencontre aujourd'hui, mon père et moi, c'est paisible et agréable parce que j'ai changé ma façon de le voir.

J'ai arrêté d'espérer un certain comportement de sa part. Je me demande plutôt: «Mais qu'est-ce qu'il peut me donner, autrement?»

Et moi, comment puis-je simplement l'aimer encore plus, tel qu'il est?

Bien des années après l'épisode du livre, je suis heureux de dire que notre cohabitation a été une expérience hyper significative. Elle nous a permis de renouer le lien. Ainsi, je ne pourrai jamais avoir de regrets ni me dire: «J'aurais donc dû passer plus de temps avec mon père quand il était vivant.»

Chaque minute à ses côtés a été comme un baume qui a apaisé les douleurs et les blessures du passé.

J'avais des tas de projets, et je débordais d'énergie et de joie de vivre. Je me sentais apte à donner et c'est justement à cette époque que j'ai commencé à m'impliquer auprès des enfants de Leucan.

Le soir du lancement de notre disque, pendant que j'étais sur la scène avec mon père, le petit Wilson, dix ans, atteint d'un cancer avancé, était assis devant nous, entouré de sa famille et de mon amoureuse de l'époque, Sylvia. Je l'avais invité à cet événement afin de partager avec lui un moment exceptionnel de ma vie. Je le voulais près de moi, afin qu'il puisse vivre, lui aussi, une soirée unique avant sa mort, qui s'en venait, lentement.

Il était assis bien droit dans la première rangée, juste devant moi. Je le regardais me regarder, ce petit bout d'homme, d'un œil tendre et complice. J'avais le sentiment que son sourire me disait merci. C'était comme s'il me chuchotait tout doucement : « Merci, Jean-Marie ! On est chanceux, hein, de vivre ce moment de bonheur ensemble ? Merci à la vie de nous permettre d'être ici ce soir ! »

À cet instant, j'ai regardé mon père, à côté de moi sur la scène, qui faisait rire le public et j'ai ressenti une immense chaleur monter dans mon cœur.

« Ouais… Merci à la vie de nous permettre d'être ici ce soir. Ensemble. »

Estie! Pourquoi est-ce que je ne remonte pas ?
Je suis pourtant bon nageur. Que se passe-t-il ?
Panique ! Je commence à manquer d'air.

Quand on est en train de mourir, que ce soit d'une
crise cardiaque ou d'un accident violent, je suis
convaincu qu'on sait qu'on va mourir. On sent que
c'est le moment. On se rend à l'évidence. On lâche
prise.
Mais pas moi. Je ne vais pas baisser les bras ici, oh non !
Je tiens trop à la vie. J'ai trop à faire encore.

Comme attirée par notre bateau, l'embarcation des
Philippins nous éperonne violemment sur le côté et
embarque sur la nôtre.
La coque en fibre de verre m'atteint dans les côtes.
Je suis projeté dans les airs, catapulté par-dessus mon
coéquipier de gauche.
Un plongeon comme je n'en ai jamais fait.

Câlisse, c'est pas comme ça que je vais mourir. Ce n'est pas vrai !

Je ne veux pas mourir en colère, frustré, seul au fond d'une eau crasseuse, à cause d'une estie d'organisation mal foutue ! C'était quoi l'idée d'accepter autant d'équipes, c'était quoi l'idée de réduire la largeur des corridors ?

C'était quoi l'idée de nous installer là, dans le port de Hong Kong ?

Je sens l'adrénaline de la colère m'envahir.

Elle me permet de donner des coups de pied encore plus forts.

Je pousse l'eau de toutes mes forces et, finalement, je me sens remonter vers la surface. Je commence à percevoir le ciel. Yes !

Il était temps, car une fraction de seconde plus tard j'avalais l'eau.

J'émerge !

9

TROIS SEMAINES

> « Celui qui marche dans les pas d'autrui
> ne le dépassera jamais.
> Celui qui marche dans les pas d'autrui
> ne laisse pas ses propres traces. »

> Denis Diderot

L e temps est gris, il pleut. La scène se passe en novembre, au restaurant *Pacini* de la rue Sherbrooke Est. Nous sommes tous là, parents et amis de Laurent, et, malgré le temps maussade, l'atmosphère est à la réjouissance. Des enfants crient et courent entre les tables. Les amis de Laurent ont maintenant vingt-cinq ans. Certains se sont mariés et ont une famille... Leur vie a continué malgré l'absence du beau grand Laurent.

*

Laurent a passé dans ma vie à la vitesse de la lumière, mais il a laissé une trace indélébile. Trois semaines! Trois petites semaines ont suffi pour nous souder à tout jamais.

En 2006, j'étais coanimateur du Téléthon des Étoiles à TQS. On collectait des fonds pour la recherche sur les maladies infantiles, dont certaines incurables. On était tous extrêmement motivés et on ne comptait pas les heures données. J'avais la plus belle des *jobs*: j'étais l'animateur affecté au CHU Sainte-Justine et au Children's Hospital. J'étais directement sur le terrain pour faire des entrevues avec les enfants malades, les familles et le personnel médical. Bref, j'étais au cœur même du téléthon et de sa mission.

Un jour, une des recherchistes s'est approchée de moi avec un large sourire et m'a dit:

— Jean-Marie, que dirais-tu de faire des entrevues avec la famille et les amis d'un jeune homme de dix-neuf ans qui est à l'unité de soins palliatifs depuis près d'un an maintenant?

Évidemment, j'ai dit oui.

Comme j'avais suivi une formation et que j'avais maintenant près de quatre années d'expérience en accompagnement en fin de vie, j'étais sans contredit la bonne personne pour eux. Je ne pouvais pas avoir meilleur mandat! Wow! Converser avec Laurent, interroger les médecins et les infirmières qui prenaient soin de lui, parler à ses meilleurs amis et, surtout, aux membres de sa famille. Qu'est-ce que je pouvais demander de mieux? J'allais donner des arguments à tous ceux et celles qui recueillaient des fonds pour le téléthon. Grâce aux entrevues que nous allions faire, mon ami Guy-Jean et moi, les téléspectateurs allaient être profondément touchés, c'était évident!

À TQS, on m'avait jumelé au réalisateur Guy-Jean Dussault. C'est à ce moment qu'il est devenu un de mes bons amis. J'étais extrêmement heureux de travailler avec cet être plein de douceur et de délicatesse. Pour mon plus grand bonheur, j'allais plus tard produire avec lui d'autres documentaires.

Nous nous sommes donc pointés chez Laurent, où on nous a accueillis à bras ouverts, comme si on nous attendait depuis des mois.

On nous a fait passer au salon. J'ai pris place sur le banc de piano et les cinq membres de la famille se sont installés sur les deux divans devant moi. Geneviève, la sœur de Laurent, s'est assise aux pieds de son père. Au centre, à côté de son jeune frère de seize ans Jean-Louis, qui avait eu un cancer à l'âge de douze ans, coiffé de sa tuque blanche et noire, Laurent nous regardait intensément, l'air de se demander : « Qu'est-ce que je vais dire ? J'ai pourtant un message à livrer. C'est pour ça qu'ils sont ici, ces deux-là ! » Il était grand, racé. Il avait un sourire magnifique et de longues mains fines qu'il posait sur ses genoux ou ses joues pour s'appuyer quand la fatigue le harcelait. Ses yeux immenses scrutaient notre âme et je sentais qu'il cherchait à voir la vérité, à savoir qui étaient ces deux personnes des médias à qui il avait ouvert sa porte.

Laurent était rebelle, un peu délinquant. Il était amaigri après deux ans de traitements de toutes sortes, mais fort comme une locomotive ! C'était un exemple d'endurance. Le genre de personne capable de dire : « Moi, j'm'en vais par là. Si ça fait pas votre affaire, *fuck it* ! J'y vais pareil ! » Il gardait « la tête haute », comme l'ont si bien chanté les Cowboys fringants dans la chanson qu'ils lui ont écrite. Il a même eu la chance de monter sur scène avec eux, le beau Laurent. Le groupe québécois lui a fait ce grand plaisir, ainsi qu'à toute sa famille d'ailleurs. Ça, je l'ai su lors de l'entrevue.

Je regardais cette famille composée de cinq individus bien différents les uns des autres, qui vivaient la maladie du plus grand des frères après avoir vécu celle du plus jeune. Je voyais des gens qui s'aimaient, qui se touchaient, qui se regardaient avec tellement de tendresse que je les enviais un peu, je l'avoue. Si j'avais été malade comme lui, c'est dans une famille comme celle-là que j'aurais voulu me retrouver.

Jean-Louis, le plus jeune, un peu timide, mais si sage, me surprenait avec ses remarques : « Quand t'as vécu le cancer, tu vois pas la vie de la même manière. C'est comme si tu regardais à travers une caméra. Tu fais le focus. Il y a les choses qui sont loin de toi, qui perdent de leur importance, qui deviennent floues, et celles pour lesquelles tu fais la mise au point. C'est comme ça que je vois la vie maintenant… »

Quant à Geneviève, elle était vive, énergique, pleine de santé et avait de la volonté à revendre. C'était une jeune femme « amoureuse » au sens large du terme. Elle aimait tellement ses frères et ses parents que l'amour semblait sortir par tous les pores de sa peau. Elle n'avait que vingt et un ans, mais, déjà, elle possédait la capacité d'aider son prochain et une compassion exceptionnelle. Quelques années auparavant, elle faisait des injections à son plus jeune frère alors qu'il était en traitement de chimiothérapie et, maintenant, elle tondait les cheveux de Laurent régulièrement.

Quand il l'appelait pour qu'elle le rase, elle était heureuse. Elle était utile à son frère. Elle adorait ce moment d'intimité avec lui, qui lui permettait de lui faire du bien comme elle le souhaitait. Elle prenait soin de Laurent, elle, la grande sœur qui s'était juré de protéger ses deux petits frères toute sa vie, mais qui se savait incapable de tenir sa promesse. Les yeux pleins d'eau, elle me dévoilait sa tristesse, son impuissance. Je ne pouvais que compatir avec elle… et continuer de lui donner espoir.

À sa droite, le père, Sylvain, un grand homme d'âge mûr, doux et toujours souriant… Quel sourire il avait! Il était réservé comme son plus jeune, mais très présent. Il regardait ses enfants sans dire un mot. Je sentais sa fierté et sa tristesse cachée derrière son sourire. La caméra et notre présence provoquaient peut-être chez lui de la gêne, un malaise même, mais il était prêt à participer pour son fils Laurent. Il nous a avoué que sa vie avait changé radicalement depuis le cancer de ses deux fils. Il avait maintenant choisi de vivre pour sa famille et d'être présent, car « c'est ce qu'il fallait faire ». Le travail était devenu moins important que ses relations avec ses enfants, sa femme et ses amis. Il avait posé sa main sur l'épaule de sa fille, assise à ses pieds, et je le trouvais touchant, cet homme. À ses côtés, Nicole, sa femme, vive et optimiste, avait mis la sienne sur la cuisse de son mari et l'a laissée là durant toute l'entrevue, comme si elle ne faisait qu'un avec l'homme de sa vie.

Comme par magie, tout ce beau monde a commencé à parler franchement, à avouer les sentiments qu'ils éprouvaient les uns pour les autres, ce qu'ils ressentaient face à la mort prochaine de Laurent. Tout sortait! Leur espoir et leur désespoir, les folies qu'ils avaient faites dans la dernière année, leur voyage à Hawaï. Ils s'y étaient rendus pour faire plaisir à Jean-Louis, grâce à la Fondation Rêves d'enfants. Ce périple avait été un moment d'ultime rapprochement où ils s'étaient retrouvés dans leur bulle, complètement fermés aux autres, dans ce pays étranger. Ils avaient eu besoin de cette parenthèse avant de poursuivre le combat tous ensemble.

Mes questions étaient directes, mais ils y répondaient sans détour. J'avais l'impression de prendre part à une thérapie familiale où chacun s'ouvrait par besoin vital.

Nous étions, Guy-Jean et moi, les spectateurs « actifs » d'une des plus belles scènes que j'aie jamais vues. Cette famille était vraiment exceptionnelle. Tissée serrée, à la vie, à la mort!

Dans le reportage, Laurent captait tous les regards, attirait toute l'attention sur lui. Il était le centre des préoccupations de tous. Il était à l'unité de soins palliatifs depuis presque un an, il avait été opéré de multiples fois, avait subi plusieurs traitements de chimiothérapie et une greffe de moelle osseuse, mais il demeurait quand même fier d'avoir tenu le coup.

« Si j'étais pas fait comme je suis fait, y a long-temps que je n'serais plus ici », a-t-il avoué.

Sa franchise et sa candeur étaient tellement belles. Il m'a dit : « Je fais les traitements qu'on me demande de faire parce que c'est ce qu'il faut que je fasse. Je n'ai pas le choix. Si je suis encore ici aujourd'hui, après presque un an, c'est parce que je fais ce que je dois faire. J'écris ma vie tous les jours et, tant que je continue de l'écrire, elle se fait. »

Jean-Louis, son petit frère aux cheveux bouclés, a renchéri : « On écrit tous les jours notre vie, c'est vrai, mais ce qui serait *dull*, c'est que ce soit un jour écrit avec des points de suspension… qu'il ne se passe plus rien… Mais, quand on y pense, tu peux passer quelques pages et recommencer à écrire. C'est ça qui est l'*fun* dans la vie, c'est que, chaque jour, il y a quelque chose à écrire. »

Il y a eu un silence. Moi, j'ai pris une grande inspiration. Geneviève avait les yeux pleins d'eau et regardait ses frères adorés avec admiration, et ses parents aussi. Nous étions tous carrément impressionnés par ces deux beaux jeunes qui avaient vécu des heures terribles et dont l'un d'eux continuait de lutter au quotidien. Car il voulait vivre, Laurent.

S'adressant à la caméra, Nicole a rendu hommage aux chercheurs qui travaillaient fort pour trouver des médicaments qui allaient non pas sauver son fils, mais au moins alléger ses douleurs et améliorer son confort ainsi que celui de beaucoup d'autres comme lui. Elle a dit, en s'avançant un peu pour mieux se faire comprendre :

— Nous avons foi en la vie, en la nature humaine dans ce qu'elle a de plus beau. Depuis que nous sommes aux prises avec la maladie, nous avons vu beaucoup de dévouement de la part de plein de gens. Et je suis convaincue qu'en voyant notre entrevue, lors du téléthon, les chercheurs vont se dire : « C'est pour lui, allons-y ! N'ayons pas peur de faire de l'*overtime* ! »

Je les écoutais me parler et je me morfondais. Je connaissais la fin de l'histoire, comme ils la connaissaient tous, mais l'espoir se pointait toujours à l'horizon et on ne voyait que lui.

J'ai vu Geneviève se tourner vers Laurent pour lui dire avec les yeux qu'elle l'aimait. Devant la caméra, elle a avoué à quel point c'était difficile pour elle de vivre les montées d'espoir suivies du désespoir causé par l'arrivée de nouvelles métastases. Je percevais sa fatigue et, en même temps, je sentais sa très grande volonté de demeurer forte et positive pour son frère. Comme sa mère, elle voulait garder le cap.

— Nous ne voulons pas de pitié, dit Nicole. Nous avons besoin de positif. Surtout ça.

Il était beau, Laurent, malgré sa fragilité. On avait envie de le serrer dans nos bras pour le protéger, mais aussi pour prendre un peu de son mal. Il disait ce qu'il avait sur le cœur, directement à la caméra, avec une toute petite pudeur. Il avait un message à livrer, un message d'ouverture aux autres. Il aimait les autres et les laissait entrer dans sa vie. Il avait besoin d'eux et ne se gênait pas pour le leur faire savoir. Il attirait les gens. Les liens étaient vitaux pour lui. Depuis le début de sa maladie, il avait noué des amitiés solides avec des jeunes de son âge, qui allaient et venaient pour l'accompagner, mais aussi pour prendre un peu de sa sagesse. Ils s'étaient attachés à lui et voulaient tant, comme nous l'a dit l'un d'eux, « lui enlever une partie de son fardeau ».

Dans les jours qui ont suivi le tournage, Laurent a continué ce qu'il avait commencé. L'entrevue avait déclenché tout un processus en lui, et il voulait souder les liens qu'il avait avec son entourage pendant qu'il lui restait encore de la vigueur. Pour mon bonheur, j'étais du nombre.

Il a tenu à rencontrer ses amis et tous les membres de sa famille un à un. Il voulait partir en paix avec chacun, sans exception. Il leur a laissé un souvenir puissant, qui continue d'influencer leur vie même sept ans après son départ.

Ce gars-là a été un tremblement de terre positif pour beaucoup de monde. On n'a qu'à penser à ce qu'il a provoqué chez ses amis de quinze, seize ou dix-neuf ans, qui ont subitement réalisé la chance qu'ils avaient d'être en santé, d'être forts, d'avoir l'avenir devant eux. Ce genre de prise de conscience, ça n'arrive pas souvent dans la vie d'un jeune. Leur meilleur ami était en train de mourir et il leur disait : « Fais ce que tu aimes et mets de l'amour dans ta vie. Donne à ceux qui t'entourent. » Ce sont d'ailleurs les derniers mots qu'il a prononcés, directement à la caméra, le jour du tournage.

Il nous a brassés fort et nous a tous ouvert le cœur.

Je me suis attaché à lui, instantanément. Après l'interview, je suis revenu le voir, comme tant d'autres. Il m'avait pris dans ses filets, moi aussi.

J'allais le voir, comme poussé par un besoin plus fort que moi. Nous avons donc approfondi notre lien de jour en jour, si bien que, quand il apprenait une mauvaise nouvelle, il m'appelait. Pourquoi moi ? Je n'en avais aucune idée et je me pose encore la question. Personne ne comprenait. Un de ses oncles avait même eu une remarque assez dure à mon égard, quelques jours avant son décès. Désolé par sa maladresse, il est venu me voir plus tard, quand il a compris le lien qui nous unissait, Laurent et moi. Il m'a dit : « Tu es vissé à nous pour toujours, Jean-Marie ! » J'en fus très touché.

Laurent m'avait choisi pour l'accompagner.

C'était un dimanche soir. Deux jours avant de mourir, il voulait aller revoir un film de James Bond avec moi et, ensuite, aller manger au *Pacini*, non loin de chez lui. J'étais disponible pour lui, totalement, et c'est ce que je voulais. Alors je suis allé le chercher et je l'ai emmené au cinéma.

Je réalisais que j'étais important pour lui, autant qu'il l'était pour moi. Ça, je l'ai bien compris et j'en suis encore tout ébranlé quand j'y pense.

Assis à côté de lui, dans la pénombre, j'ai été témoin d'un moment marquant qui m'a fait monter les larmes aux yeux. Il y avait une belle scène de tendresse dans le film, où on voyait Daniel Craig réconforter une jeune femme sous la douche. J'étais touché de voir l'agent 007 prendre soin de quelqu'un d'autre. À ce moment-là, j'ai jeté un coup d'œil à Laurent et j'ai vu qu'il avait de la difficulté à respirer. Comme il était sorti depuis quelques heures et qu'il n'avait pas son oxygène avec lui, il avait mal et, moi, j'avais mal pour lui, mais il ne voulait pas quitter le cinéma. Il a insisté pour rester. Je le voyais assis sur le bout de son siège, un peu penché, mais toujours attentif au film, le dernier film de sa vie. J'étais très ému d'être là, près de lui. Je prenais conscience que ce jeune homme était en train de mourir. Et c'est moi qui avais le privilège d'être à côté de lui au cinéma, pour partager ces minutes si précieuses. Si j'avais à choisir entre ces deux superhéros, le choix serait facile à faire.

Il a même rassemblé ses forces pour aller casser la croûte après le film. Je ne comprenais toujours pas pourquoi j'avais cette chance que d'autres n'avaient pas. Il me parlait des rencontres qu'il avait faites, des filles qu'il avait connues, de ses amis, de ses vrais *chums* qu'il aimait tant. C'était important pour lui d'être en paix avec tous ceux qui le côtoyaient et il avait réussi à boucler la boucle avec chacun. Et, moi, j'étais là, nouvellement débarqué dans sa vie, à la veille de son départ, sans avoir vraiment vécu d'histoire avec lui, sans avoir quoi que ce soit « à régler » avec lui. Je le regardais, intrigué, et je continuais de me demander : « Pourquoi moi ? Qu'est-ce qu'il attend de moi ? Qu'a-t-il à m'apprendre, ce grand garçon-là ? »

*

Le lundi suivant, en fin de journée, Sylvain, son père, m'a appelé pour me dire que Laurent était à l'unité de soins palliatifs et qu'il allait très mal. C'est fou comme, jusqu'à la dernière minute, on ne veut pas y croire. L'appel de Sylvain m'a donné un méchant coup.

Nicole, sa maman, m'a raconté récemment que Laurent, la veille de sa mort, avait dit à ses amis proches : « Venez me voir parce que, demain, je pars ! » Ils devaient passer le message aux autres. Il souhaitait voir ses amis et sa famille une dernière fois. Ils sont tous venus le matin du mardi 28 novembre 2006. Il les a reçus un par un pour les rassurer et leur dire adieu.

Je suis arrivé en après-midi. J'attendais dans la salle de séjour de l'unité de soins palliatifs avec quelques amis proches et des parents venus le saluer. Au restaurant, d'autres amis de Laurent patientaient, leur cellulaire à la main. Ils auraient souhaité être à ses côtés, mais l'espace autour de son lit était limité et, par respect, ils avaient choisi de se tenir à l'écart et de penser à lui très fort, tous ensemble.

Pendant un moment, Laurent a refusé de voir qui que ce soit. Selon Nicole, c'était sans doute parce qu'il ne savait pas comment son départ allait se passer et qu'il voulait épargner à sa famille une fin dont il ignorait totalement le scénario.

— Laissez-moi seul, a-t-il dit.

Pour Nicole, Sylvain et leurs deux autres enfants, il ne fallait pas qu'il parte seul. Il n'était pas question qu'il les quitte sans qu'ils le prennent dans leurs bras, qu'ils lui tiennent la main, qu'ils lui disent une dernière fois à quel point ils l'aimaient.

Heureusement que Stacy Joanisse, l'infirmière de Laurent, habituée à ce genre de situation extrême, est intervenue :

— Tu as besoin d'eux et ils ont besoin de toi, Laurent. Laisse-les t'accompagner. Ne les prive pas des quelques minutes précieuses que vous pourriez avoir encore ensemble.

Dans le salon, assis sur une petite chaise droite, j'observais les autres en silence. Je voyais des visages tristes qui fixaient le sol, sans dire un mot. On attendait.

C'est à ce moment-là que j'ai senti la présence de Nicole. Penchée sur moi, elle m'a demandé de venir : « Nous avons besoin de toi, Jean-Marie. J'aimerais que tu sois avec nous. Jusqu'au bout. »

Je me suis levé, me sentant investi d'une mission. J'avançais à côté de Nicole dans le corridor qui menait à la chambre de Laurent... et j'avais la chienne, une peur terrible. J'accompagnais des gens en fin de vie depuis quatre ans, mais je n'avais jamais été présent au moment de leur mort. C'était une première pour moi. Je n'avais pas du tout envie de voir mourir quelqu'un. J'étais peut-être le « bénévole de service », mais je ne me sentais pas à la hauteur dans ce rôle qu'elle voulait me faire jouer.

La dernière personne que j'avais vue à deux doigts de la mort, c'était ma mère. Je n'avais pas été capable de demeurer près d'elle jusqu'à la fin. Durant son agonie, je m'accrochais à ce qui lui restait de vie. À son chevet, j'écoutais son souffle et j'attendais sa prochaine inspiration, qui prenait une éternité à arriver. À plusieurs reprises, elle cessait de respirer pendant longtemps. Quand ça arrivait, j'étais terrorisé. Je lui prenais le bras, que je serrais très fort, je lui disais : « Non, pars pas ! Pars pas tout de suite ! »

Je capotais littéralement ! J'étais extrêmement angoissé... et j'ai quitté l'hôpital, incapable de rester plus longtemps. Sachant ma mère en compagnie de ma sœur Maryse, de mon cousin Marc-Antoine et de ma copine de l'époque, je suis allé chercher mon père et mes autres sœurs, et j'en étais bien soulagé.

Ma mère est décédée sans moi.

Allais-je revivre les mêmes émotions ? Comment allais-je réagir à côté de Laurent ? Des pensées se bousculaient dans ma tête. Je ne me sentais pas très solide. J'avais peur.

En même temps, on m'avait confié une mission : soutenir Laurent et sa famille. C'est ce qu'ils attendaient tous de moi, qui étais supposément un gars qui avait de « l'expérience » dans ce genre de situation unique et intense !

Où allais-je trouver la force ?

Je continuais de me diriger vers la chambre de Laurent en ayant l'impression que je fonçais tout droit sur un iceberg. Mais l'iceberg a fondu dès que j'ai mis les pieds dans la pièce. J'ai alors réalisé que toute la famille avait besoin de moi. Je les sentais tellement désemparés. Je les ai regardés les uns après les autres : Sylvain, Nicole, Jean-Louis, la grand-maman, Geneviève. Je me suis reconnu dans sa détresse à elle, la grande sœur. Comme poussé par le besoin d'aider celle à qui je m'identifiais, je me suis placé à côté d'elle. J'avais l'impression d'être un intrus dans leur cercle fermé, mais, en même temps, je me sentais soudainement plus fort et capable de les soutenir.

Geneviève regardait son frère mourant avec tellement de désespoir. Comme moi au chevet de ma mère, elle retenait son souffle quand Laurent retenait le sien. Elle cessait littéralement de respirer. Elle serrait la main de son frère plus fort chaque fois que la respiration s'arrêtait. Je reconnaissais cette peur panique. J'avais vécu la même, au même âge qu'elle ou presque. J'avais vingt-six ans à l'époque, elle en avait cinq de moins.

Alors j'ai tranquillement placé ma main sur son dos et j'ai fait, tout doucement :

— Chhhuuuttt… Chhhuuuttt…

Ces sons, qui servent habituellement à calmer un enfant, sont sortis de moi spontanément, comme si c'était ce que j'aurais voulu qu'on me dise. J'ai réalisé après coup, en faisant ce geste, que je n'avais pas eu ce réconfort au moment de la mort de ma mère. J'avais été laissé à moi-même, totalement désemparé. Maintenant, au chevet de Laurent, je consolais le jeune Jean-Marie. Mon geste calmait Geneviève et me calmait en même temps. J'ai senti sa tension baisser. Geneviève laissait aller son angoisse. Elle a desserré sa main et Laurent est parti, comme s'il avait attendu qu'elle accepte son départ.

Laurent avait-il planifié tout ça ? Était-ce pour cela qu'il avait tissé ce lien aussi serré avec moi au cours des trois dernières semaines de sa vie ? Avait-il perçu, grâce à son immense sensibilité, que j'étais la personne qui comprendrait le mieux sa sœur et qui saurait quoi faire pour la réconforter ? Était-ce pour cela qu'il avait tenu à rester avec moi au cinéma et au resto, pour être certain que je serais là au dernier moment ?

En y repensant, j'ai maintenant la réponse à cette question que je me pose depuis sept ans. Plus j'écris, plus je me dis que rien n'arrive pour rien.

*

Le reportage que nous avons réalisé pour le Téléthon des Étoiles a été diffusé en boucle, intégralement, lors des funérailles de Laurent. C'était un ultime hommage rendu à un être plus grand que nature qui continue de nous dire : « Fais ce que tu aimes et mets de l'amour dans ta vie. Donne à ceux qui t'entourent. »

« J'ai tout surmonté
La tête baissée
Maintenant je descends la côte
Et j'ai la tête haute[9]. »

---

9. Les Cowboys fringants, *La Tête haute*, 2008.

Enfin la surface!

Je prends une énorme bouffée d'air, qui s'infiltre dans mes poumons.

Je m'accroche à un gilet de sauvetage qu'un pagayeur d'une autre équipe a jetée à l'eau. Je flotte, le bras pendu à cette bouée.
Pourquoi n'avons-nous pas de gilet de sauvetage? Si j'en avais eu un, je n'aurais jamais coulé comme je viens de le faire.

J'entends les gens crier autour de moi. Ils cherchent Pram, un de nos coéquipiers qui ne sait pas nager. Tout le monde s'inquiète pour lui. Puis, au bout de quelques secondes, on le voit. Il est sain et sauf dans le bateau de sécurité. On me tire dans le canot moi aussi. Je ne dis pas un mot.
Personne ne se parle.

Tout le monde dans mon équipe sait que je suis un bon nageur.
Pourtant, j'ai failli y rester.

Je sens une douleur aux côtes. Affaissé, totalement ébranlé, toujours en colère et en état de choc, je suis en train de réaliser ce qui vient de se passer. Dans ma tête, je revois au ralenti le film de l'accident. Je n'arrive pas à y croire.

On vient d'être disqualifiés, alors qu'on s'est fait éperonner. On aurait gagné cette course, c'est sûr! Si seulement les mesures de sécurité avaient été adéquates, si seulement les organisateurs n'avaient pas inscrit autant d'équipes, s'ils avaient respecté les largeurs réglementaires... Si... Si... Si... Fuck!

On doit refaire la course pour être en mesure de se qualifier pour la finale.
Je retrouve mon énergie en même temps que mon souffle. Je suis encore sur l'adrénaline. On va tellement leur prouver qu'on est la meilleure équipe!

Quelques heures plus tard, je remonte dans le bateau-dragon.
Je reprends ma place à l'arrière, la même que tout à l'heure, avant l'accident.
On recommence la course, et je redonne tout ce que je peux malgré ma douleur au côté droit.
Comme les autres, je pousse et pagaye fort au rythme du tambour... et on réussit à se qualifier.
Facilement.

Est-ce la colère qui nous porte, qui nous donne cette énergie ?

Peu importe, on pagaye comme des fous et on termine en deuxième place, tout juste derrière les Chinois, à quelques fractions de seconde près.

Yes ! *La finale nous attend !*

10

SE TOURNER VERS LES AUTRES

« Faites le bien, par petits bouts, là où vous êtes ;
car ce sont tous ces petits bouts de bien,
une fois assemblés, qui transforment le monde. »

Desmond Tutu

J'aime beaucoup ma tante Cécile, la sœur de mon père. J'ai toujours senti qu'elle était là pour moi, même lorsqu'elle habitait en Europe. Elle m'a influencé tout le long de ma vie. Elle est ma mère Teresa à moi !

Aujourd'hui, ma tante Cécile est en fin de vie.

Elle a quatre-vingt-onze ans et n'a plus toute sa tête. Je crois qu'elle nous quittera bientôt, malheureusement. Je suis très triste à l'idée qu'elle disparaisse de ma vie, elle qui m'a guidé subtilement, à distance, tout en douceur.

Elle dégageait une sorte de bonheur et de pure bonté. C'est probablement ce que je percevais et qui me fascinait quand j'étais enfant. Un jour, elle m'a dit : « Je me souviens de toi quand tu avais peut-être trois ou quatre ans, avec tes cheveux blonds bouclés et tes grands yeux bleus. Tu t'es approché de moi et tu m'as demandé : "Tante Cécile, est-ce que c'est vrai que tu as le petit Jésus dans ton cœur ?" »

Je sentais qu'elle était différente des autres membres de ma famille. Cette curiosité qu'elle éveillait chez le petit garçon que j'étais m'a fait prendre conscience que mon intérêt pour la spiritualité était déjà présent à cette époque.

Un jour, j'ai compris qui elle était et quel rôle elle était venue jouer dans ma vie. À mes yeux, elle incarne le don de soi. Tout simple. Sans prétention. Ma tante Cécile, c'est l'oubli de soi au profit des autres. Elle pratique ce que Maurice Zundel, l'un de ses maîtres à penser, lui a enseigné : « Il faut savoir se détourner de soi pour se tourner vers les autres. »

Tante Cécile est un être totalement dénué d'intérêts personnels. Elle aime tout le monde, sans exception, sans jugement, sans rien attendre en retour, comme un parent aime son enfant. Elle est l'amour pur et, en plus d'être mon modèle d'altruisme et de compassion, elle est du même sang. Que demander de plus ! Je me considère comme le plus chanceux des neveux sur terre.

Ma tante Cécile est née en 1922. Elle était l'aînée de la famille. Très jeune, elle a voulu entrer chez les Carmélites. Comme elle avait un problème au dos, la communauté n'a pas donné suite à sa demande. Patiente et extrêmement tenace, mais surtout convaincue de sa foi, elle a essayé d'entrer chez les Clarisses, mais, là non plus, elle n'a pas été acceptée. Puis, à dix-sept ans, elle a reçu en cadeau des photos de toutes les communautés religieuses installées au Québec.

Son attention s'est portée sur la moins belle de toutes les photos, celle qui était la plus floue, la moins invitante, et elle s'est dit : « C'est là que je veux être. »

Peu après, elle entrait chez les Petites sœurs des pauvres, une communauté qui procure des soins aux personnes âgées depuis 1842. Elle a été expatriée en France, où elle est demeurée de nombreuses années. Elle avait très peu de contacts avec les membres de sa famille. Je ne l'ai pas souvent croisée durant cette période-là. Parfois, je me dis que si elle avait été plus présente dans ma vie, si j'avais pu aller la voir de temps en temps, elle m'aurait peut-être soutenu et aidé au moment où, jeune adulte, j'avais perdu mes repères et je sombrais dans le désespoir.

De retour au pays, quelques dizaines d'années plus tard, elle logeait à la Maison Saint-Joseph et y travaillait auprès des personnes âgées et malades. En fait, c'était l'état de santé de sa mère, ma grand-maman Anna-Marie, qui l'avait fait revenir. Comme les Petites sœurs des pauvres avaient pour mission de prendre soin des personnes âgées malades, tante Cécile a pu, à sa plus grande joie, s'occuper de sa mère, hébergée chez les Petites sœurs, à Montréal, jusqu'au dernier moment.

Un jour où elle me parlait de son travail de missionnaire aidante, ma tante Cécile m'a raconté que Jeanne Jugan, la fondatrice de la congrégation, disait à ses novices : « Mes petites, il faut toujours être de bonne humeur. Nos petits vieillards n'aiment pas les figures tristes. Quand vous vous adressez à une personne âgée, répétez doucement jusqu'à ce qu'elle comprenne, sans élever la voix, toujours sur le même ton, pour qu'elle sente que vous l'aimez. Les personnes âgées ont besoin d'être reconnues. »

Tante Cécile a appliqué ces paroles à la lettre toute sa vie. Elle était d'une patience et d'une bonté d'ange. Pour moi, elle mérite d'être canonisée !

En avril 2011, ma tante a été envoyée dans une congrégation à Albany, dans l'État de New York. Âgée et malade, elle s'est mise à dépérir rapidement. Bien qu'éloignée des siens encore une fois, elle a accepté sa situation, sans résister.

Avant de déménager là, elle m'a dit : « Ce que le bon Dieu me demande, je le fais. Quand les choses nous ennuient, quand ce qu'on vit est difficile, eh bien, il faut essayer de se dire : "J'accepte ça en esprit de pénitence et je veux être dans la joie quand même." » Pas certain du sens du mot *pénitence*, j'ai fait une recherche et j'ai trouvé cette définition, qui répond bien, je pense, à ce que ma tante Cécile voulait dire :

« La pénitence n'est ni le remords ni l'autopunition, mais simplement la clé du salut de l'individu et du monde. Il s'agit du courage et de la volonté d'être libre de tous préjugés contre son prochain, libre de toutes les dominations et de pratiquer l'amour, le pardon, la paix et l'intelligence du cœur sans restriction[10]. »

Inspirant, non ?

*

Avant de commencer à perdre doucement sa lucidité, il y a quelques mois seulement, ma tante avait une philosophie de vie inébranlable qui orientait

---

10. http://fr.wikipedia.org/wiki/Pénitence

toutes ses actions et qui donnait un sens à sa vie. Elle était une personne totalement intègre et n'a jamais dérogé à ses valeurs profondes.

Un jour, alors qu'elle était en retraite fermée, un prêtre lui a dit : « Si vous attachez votre vie à une parole du Seigneur, vous êtes sûre de répondre à ce qu'il veut de vous. »

Alors ma tante s'est mise à chercher une parole du Seigneur dans l'Évangile. Après plusieurs semaines de lecture et d'hésitation, elle en a trouvé deux sur lesquelles elle a basé sa vie.

La première : « Si vous ne devenez pas comme les petits enfants, vous n'entrerez pas dans le royaume des cieux. »

— Le petit enfant n'entend pas, ne voit pas, ne parle pas, m'a-t-elle expliqué. Il ne pense pas. Il se laisse aimer, il ne se tracasse pas…

— C'est l'abandon à la vie, la confiance, lui ai-je dit.

La deuxième : « Si quelqu'un veut venir à ma suite, qu'il renonce à lui-même. Qu'il porte sa croix et qu'il me suive. »

— On a beaucoup d'occasions de renoncer à soi ou à son *ego* dans une journée, m'a dit ma tante. Le Seigneur nous aime d'une façon qu'on ne peut pas imaginer. Il nous aime et prend les devants pour nous jusqu'à ce qu'on le regarde et qu'on l'aime aussi. Notre croix, c'est la souffrance physique ou morale qu'il faut accepter. Nous avons tous une croix à porter, différente de celle de notre voisin. Certains sont handicapés physiquement, d'autres ont des vies affectives difficiles. Chaque croix est unique et chacun doit l'accepter.

Puis elle m'a fait un beau sourire qui en disait long sur son abandon et sur ce que cette attitude lui avait apporté dans sa vie. Elle s'est mise à me réciter les paroles d'une chanson écrite par le prêtre Robert Lebel :

«Comme lui, savoir dresser la table,
Comme lui, nouer le tablier,
Se lever chaque jour et servir par amour,
Comme lui...»

Elle a conclu en me regardant droit dans les yeux :

— C'est bien ça que tu fais, toi, mon beau Jean-Marie !

— Moi ? Je fais quoi ?

— Servir... Offrir le pain de ta présence à ceux qui ont faim d'être aimé.

Ah ! Ma chère tante Cécile ! Elle m'a toujours inspiré, m'a toujours donné l'envie de poursuivre, m'a constamment stimulé dans mon engagement !

Quand elle entendait parler de moi, de mon implication, de ce que j'avais fait pour une organisation, je recevais systématiquement un coup de téléphone de sa part.

— Mon petit Jean-Marie, je te félicite. Je suis très fière de toi et de tout ce que tu fais.

Elle était au courant de toutes mes bonnes actions, même si elle était loin. Elle m'accordait tant de reconnaissance qu'il m'arrivait de me sentir «un petit peu» comme elle et j'en étais extrêmement heureux.

Elle avait compris quelque chose que je n'arrive pas encore à complètement intégrer dans tous les aspects de ma vie : plus tu penses aux autres, plus tu es heureux. Plus tu concentres ton énergie à faire des choses pour les autres, plus ton bonheur augmente. Je fais encore des choses juste pour moi : je vais m'entraîner, je pratique diverses activités qui n'apportent rien à mes semblables... Je sais que j'aspire à la même générosité qu'elle, mais vais-je y arriver un jour ?

*

Toute la vie de tante Cécile a été centrée sur les autres et c'est la personne la plus heureuse que je connaisse. Elle a toujours rayonné, ma tante Cécile ! Elle incarne la bonté de son Seigneur dans toute sa splendeur, sans aucune faille.

Très souvent, je me demande : « Comment arriver à être aussi heureux qu'elle ? Comment arriver à ne penser qu'aux autres ? Est-ce qu'il faut faire vœu de chasteté, se débarrasser de tout attachement, de tout engagement amoureux ? Comment puis-je y arriver tout en étant engagé dans une relation amoureuse, en faisant mon travail, mes loisirs ? Veux, veux pas, je suis égoïste, je pense à moi. »

Ultimement, j'aimerais, comme beaucoup d'autres, pouvoir concilier ce que je veux faire, ce que je fais et ce que je vis. Je me demande souvent si tout se tient dans ma vie. Les défis que je relève respectent-ils mes valeurs ? Est-ce que mes entraînements quotidiens, mes compétitions et ma vie d'athlète sont compatibles avec mon objectif de devenir spirituellement évolué comme ma tante, avec mon désir d'être totalement et profondément heureux ?

Au moins, je sais que je n'ai pas un mode de vie autodestructeur. Je ne prends pas de drogue ni d'alcool, je médite et je tente de *bénévoler* le plus souvent possible. J'essaie de mettre en place une structure qui me permettra d'être une meilleure personne, mais, en même temps, j'ai encore des comportements liés à ma dépendance affective, des souvenirs qui m'habitent, des finances qui clochent. Je tiens à mon kayak de vitesse, à mon bateau-dragon, etc. Plus j'y pense, plus je suis déchiré. Et plus je suis déchiré, moins je suis ouvert aux autres.

Quand je côtoie un être comme tante Cécile, je me sens inspiré et je me remets en question. C'est vrai qu'en communauté on a moins de responsabilités, mais il faut quand même faire des sacrifices. Si tu dis oui à certaines choses, c'est parce que tu dis non à d'autres.

La vie monastique est séduisante parce qu'elle permet de travailler à temps plein sur l'engagement communautaire et sur sa propre spiritualité.

En même temps, je ne suis pas prêt à faire ce choix… mais le ferai-je jamais, de toute façon ?

Je crois encore à la vie amoureuse, à mon travail autonome, à mon bénévolat, à mon entraînement, à ma liberté et à tout ce que j'ai mis en place dans ma vie. J'ai éliminé bien des choses qui ne faisaient pas mon affaire. Je sais que je n'irai jamais à l'encontre de mes valeurs juste pour faire 100 000 dollars par année.

Je suis fasciné par la démarche qu'a faite ma tante Cécile. Comme elle, j'ai envie d'atteindre une sorte de plénitude et d'illumination grâce à la spiritualité et à l'entraide.

Ma tante ne s'est jamais posé trop de questions. Elle a la foi. Elle croit en son Seigneur. Et je l'admire pour cette raison.

J'ai appris d'elle.

Aimer les autres, c'est contribuer à soulager leur souffrance. Je sais aussi que l'important, c'est de faire quelque chose de concret.

Grâce à mes actions, j'aide l'autre à moins souffrir et j'en retire du bonheur. J'essaie d'agir sans penser à moi. Je dis bien « j'essaie », car, malgré mes nombreuses heures de bénévolat, je peux affirmer que le véritable don de soi n'est pas chose facile à faire.

Par contre, quand je regarde ma tante, je me dis qu'il s'agit d'un être humain, comme moi. Donc, ce qu'elle est et fait, je peux aussi l'être et le faire. Il est possible de faire preuve d'un tel dévouement même si on n'est pas engagé dans une vie communautaire et religieuse. Il suffit de choisir un partenaire de vie qui possède les mêmes valeurs que soi, d'élever ses enfants selon ces valeurs, de trouver un travail qui nous ressemble et qui correspond à nos principes, et de s'intéresser plus activement aux autres.

Il faut du courage, c'est sûr. Réussir à concilier tous les aspects de sa vie ne se fait pas en claquant des doigts. Il faut être capable de foncer même quand on doute. La foi, c'est croire que la lumière existe, même dans la plus grande noirceur.

Finalement, je pense aussi qu'il faut tout accueillir, inconditionnellement, sans jugement, avec beaucoup de douceur et de patience. Il faut accepter la beauté et la laideur, le confort et l'inconfort, la joie et la peine, la lumière et la noirceur.

Sans le savoir, c'est ce que m'a enseigné ma tante Cécile.

*

Comme je l'ai déjà mentionné, je suis encore dans un processus d'élimination, d'épuration. J'aime beaucoup la métaphore de Michel-Ange. Un jour, ses élèves lui ont demandé comment il avait pu faire un David aussi parfait. Il leur a répondu : « C'est simple, j'ai pris le bloc de marbre et mes instruments, et j'ai commencé à enlever tout ce qui n'était pas David. »

Pour être intègre avec soi-même, il faut éliminer tout ce qui n'est pas soi. Quand on se trouve dans un espace, dans un travail, dans une relation ou à un événement qui ne nous correspondent pas, pourquoi rester ? Pourquoi s'entêter ? En agissant de cette façon, on va à l'encontre de ce que l'on est vraiment, on se déséquilibre, on devient incohérent. Donc malheureux.

J'ai encore beaucoup de choses à vivre, de bonnes expériences saines et enrichissantes qui me permettront de devenir meilleur et qui, peut-être, me mèneront vers la vie spirituelle et harmonieuse que je me souhaite tant.

En attendant, quand je m'ennuie de tante Cécile, je ferme les yeux et je m'imagine la serrer tendrement dans mes bras. Je m'entends lui dire : « S'il te plaît, reste encore un peu. J'ai besoin de toi. »

J'imagine tante Cécile me répondre tout doucement, comme cette grand-maman à son petit-fils, inquiet de la voir partir pour toujours : « Mon beau Jean-Marie… La mort c'est comme le bateau qui s'éloigne vers l'horizon. Il y a un moment où il disparaît. Mais ce n'est pas parce qu'on ne le voit plus qu'il n'existe plus[11]. »

11. Marie de Hennezel, *La Mort intime*, Pocket, 1999.

11

CE N'EST PAS PARCE QUE JE NE PARLE PAS DE VOUS QUE JE VOUS AI OUBLIÉS

« Prendre soin des autres, partager leurs problèmes,
faire preuve de compassion, tel est le fondement
d'une vie heureuse pour soi-même, pour sa
famille et pour l'humanité tout entière. »
Sa Sainteté le quatorzième dalaï-lama, Tenzin Gyatso

De nombreuses personnes ont joué un rôle significatif dans mon existence. Au fil des pages, je vous ai présenté plusieurs d'entre elles. Grâce à leur bonté, à leur sagesse, à leurs mots ou à leurs gestes, elles ont marqué ma vie à jamais. Cependant, elles ne sont pas les seules. Il y en a tant. En voici d'autres que je n'oublierai pas…

MATTHIEU RICARD

Il y a quelques années, au printemps 2007, j'ai eu l'immense chance de rencontrer le moine bouddhiste et auteur à succès Matthieu Ricard, et de développer avec lui un lien significatif.

Matthieu s'apprêtait à faire le tour du Québec afin de promouvoir ses livres et de donner quelques conférences. L'organisation responsable de sa tournée, basée à Québec et menée par mes amis Rémi Tremblay et François Héon, m'a demandé un coup de main.

C'est avec plaisir que j'ai dit oui sans hésitation !

Au fur et à mesure que la date d'arrivée de Matthieu approchait, mon rôle se définissait : j'aurais la grande joie d'héberger Matthieu chez moi, de lui servir de chauffeur et d'assistant durant son séjour à Montréal, en plus de coanimer avec lui quelques-unes de ses conférences. Wow !

Ce fut une expérience déterminante et remarquable de recevoir cet homme, qui est un scientifique de haut niveau, mais également un moine bouddhiste ayant côtoyé les plus grands maîtres tibétains tels que le dalaï-lama, Dilgo Khyentse Rinpoché, Kyabjé Kangyur Rinpoché et bien d'autres.

Je me rappellerai toujours trois moments très marquants passés avec lui. Un matin, Matthieu était installé devant son ordinateur (c'est un bourreau de travail). Je suis entré tout doucement dans la pièce et lui ai demandé si je pouvais méditer pendant qu'il travaillait, mon petit autel de méditation étant dans mon bureau, devenu le sien.

Tout d'un coup, il a arrêté de taper sur le clavier, a enlevé rapidement ses lunettes et m'a dit en joignant ses mains : « Oh, Jean-Marie ! Je serais honoré que tu médites avec moi pendant que je termine mon boulot ! Vas-y, je t'en prie ! »

J'entends encore sa voix douce et mélodieuse me dire ces quelques mots. Que de bonheur dans mon cœur! Méditer en présence d'un maître de la trempe de Matthieu Ricard m'a transporté. Le souvenir d'une vie.

*

Le deuxième moment magique s'est passé lors de son départ de Montréal, après son premier séjour. Nous avions encore quelques heures devant nous. Alors que nous buvions un café dans un petit resto de l'aéroport, j'ai eu subitement l'envie d'avoir avec lui une conversation de maître à élève. Ou plutôt le contraire!

— Matthieu, pourrais-tu me dire à quel moment tu as vraiment décidé de devenir moine? Comment t'es-tu senti en le devenant? Quand as-tu su que c'était ta voie?

— Jean-Marie, le jour où je suis devenu moine, j'ai ressenti une immense joie dans mon cœur. J'avais l'impression d'être un oiseau qui s'envole hors de sa cage! Je me sentais libre et heureux, enfin, après toutes mes années d'études en sciences et mes nombreux voyages en Europe et en Asie. Mon maître de l'époque, Kangyur Rinpoché, m'avait dit d'attendre de terminer mon doctorat avant de prononcer mes vœux de moine. J'étais évidemment déçu, mais j'ai suivi «religieusement» son conseil. Puis, un jour, une fois mon doctorat terminé, lors d'un autre voyage en Asie, sans que je m'y attende, mon maître est venu me voir pour me dire que le jour était arrivé. Que, si je le voulais, je pouvais prononcer mes vœux. Ce qui fut fait quelques jours plus tard !

Matthieu a poursuivi son histoire.

— Dès mes premiers voyages en Asie, j'ai su que les maîtres que je côtoyais étaient des personnes profondément heureuses et bonnes. J'étais vraiment bien avec eux. J'avais beau étudier avec des scientifiques et des nobélisés, aucun ne se comparait aux moines ni aux maîtres du Tibet ! J'avais envie d'être comme eux plutôt que comme les professeurs ou les chercheurs que je fréquentais en France, qui étaient tous extrêmement brillants, mais qui n'avaient pas la même richesse de cœur ni la même présence lumineuse et apaisante que mes compagnons bouddhistes.

*

Le troisième moment marquant que j'ai passé avec Matthieu a eu lieu le 25 décembre 2007. Le jour de Noël !

Nous faisions une belle randonnée en montagne, près de Paro, au Bhoutan, contrée spirituelle bouddhiste vénérée et sacrée. Nous nous dirigions vers Taktshang, le plus célèbre des monastères bouddhistes du Bhoutan. Durant l'ascension, j'ai subitement vécu un moment d'une rare émotion. J'étais totalement rempli de joie.

Était-ce parce que je marchais en compagnie de Matthieu Ricard sur un sentier hautement spirituel, fréquenté par des milliers de pèlerins bouddhistes, de moines, de religieuses et de maîtres depuis des années ?

Pourtant, j'étais à des milliers de kilomètres de ma famille et de mes proches, pour la première fois de ma vie, le jour de Noël... Je ne me sentais pourtant pas triste d'être seul et loin d'eux.

Parce que je n'étais pas seul. Je sentais une Présence.

Riche. Belle. Lumineuse. Douce. Apaisante. Pleine de bonté.

Je ne pourrais dire toutefois si cette Présence était la même que celle ressentie par Matthieu auprès de ses maîtres en Inde, au Népal, au Tibet ou ici même, au Bhoutan.

Cette Présence, cette bonté fondamentale, je vous la souhaite.

P.-S. – Merci à toi, Matthieu, d'avoir organisé cette courte, mais significative rencontre avec le dalaï-lama, en août 2008, à Paris. Lorsque je pense à ces milliers de Tibétains, prisonniers dans leur propre pays, qui n'auront jamais la chance de retrouver leur maître, mon cœur se remplit à la fois d'une immense peine et d'une gratitude sans fin.

Sacha Bertler-Duplessy

Sacha, dix-neuf ans, est décédé à la suite d'un second cancer, après avoir souffert de problèmes de dépendance à la drogue durant son adolescence.

Sacha avait partagé avec moi sa vision du cancer quelque temps avant sa mort, survenue au petit matin du 15 janvier 2007.

Résilient mais non résigné, doté d'une lucidité peu commune, il me disait ne pas entretenir de colère ni d'agressivité envers sa tumeur. Sa façon de voir les choses m'avait complètement bouleversé.

« Pourquoi j'en voudrais à ma tumeur ? Elle veut vivre, elle aussi. Le problème, c'est qu'on ne peut pas vivre ensemble. Il y en a un qui devra partir. »

Je suis resté sans mot, ému devant tant de sagesse.

Merci, Sacha, d'avoir ouvert encore plus grand mon cœur... et de m'avoir fait réaliser que, face à la maladie, notre plus grand adversaire est (en) nous.

ANNIE MARCOTTE, LA MEILLEURE DES INTERVENANTES !

Annie est une jeune femme qui incarne à mes yeux ce que la cohérence entre la tête et le cœur peut faire de mieux chez l'être humain. Elle semble n'avoir aucune faille. Je lui dis souvent à la blague : « T'es parfaite, toi, ma belle Nannie, hi hi ! »

Ce qui m'inspire le plus chez elle est sa compassion sans borne pour les autres. Elle pourrait toutefois en avoir un peu plus pour elle, à mon avis. Annie est super bonne pour donner, mais elle l'est moins pour recevoir... Ah ben, la voilà, sa faille !

Son lourd passé de toxicomane lui permet de soigner les jeunes les plus amochés du centre Le Grand Chemin. Grâce à sa vocation d'intervenante, elle a transcendé ses démons en allant vers les autres. « L'homme peut survivre à toutes les souffrances, pourvu qu'il y trouve un sens », comme le disait Viktor Frankl.

Grâce à sa démarche personnelle, Annie donne aux jeunes en thérapie un amour sans limites, inconditionnel. Elle est un peu comme mère

Teresa, mais avec des muscles! Car Annie est aussi une athlète redoutable. Nous la voulons tous dans notre bateau-dragon ou dans notre équipe sportive!

C'est toute une compétitrice : elle est fière, acharnée, intense et passionnée. Bonne dans la victoire comme dans la défaite.

Annie a un grand cœur et se distingue par sa bonté, la douceur de ses propos, sa rigueur au travail, son éthique et sa droiture; elle est juste avec chaque personne qui croise son chemin.

Elle est généreuse et dévouée, et elle se donne entièrement aux jeunes souffrant de diverses dépendances.

Annie, c'est l'amie de tout le monde. Parce qu'elle est passée près de la mort, Annie aime profondément la vie... et cette dernière le lui rend bien.

Annie, dis-moi un seul de tes défauts, s'il te plaît.

Ah! J'en ai trouvé un : il n'y en a qu'une seule comme toi.

Je t'aime... pis j'te pince une fesse!

LUCIEN, MONSIEUR SOURIRE

Lucien travaille au *Midtown Le Sporting Club Sanctuaire* de Montréal pratiquement depuis son ouverture, dans les années 1980.

On peut le reconnaître facilement grâce à son rire franc, à son sourire éclatant et à sa bonne humeur plus que contagieuse qui guérit des maux de l'âme. C'est ce qu'est Lucien : un guérisseur.

Pratiquerait-il une forme de vaudou, lui qui est d'origine haïtienne ? Nul ne le sait.

Ce que je peux vous dire, par contre, c'est que Lucien, du haut de ses cinq pieds et quelques tout petits pouces, vous fait sentir grand, bon, parfait.

Lucien fait beaucoup plus que son simple travail de maintenance. Il est l'âme de ce club de santé très haut de gamme. Voilà peut-être pourquoi on lui a proposé de continuer à travailler quelques heures par semaine, alors qu'il pourrait profiter d'une douce retraite.

Plutôt que de lui dire au revoir, on lui a demandé de rester encore, comme on le ferait pour un bon ami sur le seuil de la porte, juste avant son départ.

Et Lucien a dit oui... pour notre plus grand bonheur !

Ce que je trouve incroyablement inspirant chez cet homme, c'est son humilité. Sa simplicité.

C'est probablement l'être le plus riche de ce club sélect, où on retrouve des personnes venant des quatre coins du globe : des retraités nantis, des hommes et des femmes d'affaires bien en vue, des catholiques, des juifs, des musulmans, des athées et d'autres pratiquants qui se côtoient en harmonie et sans conflits apparents.

Lucien y est sûrement pour quelque chose. Son cœur magique soigne tout. Trop parfois, car il n'y a pas si longtemps son cœur a flanché. Nous avons tous eu très peur. Son absence s'est fait sentir. Le club n'est pas le même sans Lucien.

Il faut être un grand homme pour se pencher et ramasser les serviettes sales que laissent traîner tous ces hommes et ces femmes. Sans se plaindre ni rechigner, Lucien fait son travail avec amour, humour, simplicité… et gratitude.

Sans oublier son éternel sourire.

On ne parle pas assez de ces héros méconnus qui se démarquent en silence. Puisse ce petit hommage donner à Lucien ce qu'il mérite : la médaille de la générosité et du plus beau sourire.

JULIE M.

Merci à toi, Julie, qui a été mon amoureuse et ma partenaire pendant plusieurs mois durant cette dernière année.

Même si nous ne sommes plus ensemble, sache que tout ce que nous avons vécu a marqué mon existence. Jamais je ne t'oublierai… Je me souviendrai toujours de toi et de ta belle et grande famille.

Récemment, nos vies se sont séparées ; j'ai vécu des moments difficiles, mais j'ai trouvé l'aide nécessaire pour remonter la pente. Tu y es pour beaucoup.

Depuis, je consulte et je poursuis mon cheminement. Je suis sur la bonne voie. Même si je sais qu'il me reste du travail à faire, je persévère. Qui sait, peut-être qu'un jour je t'en raconterai davantage ?

P.-S. – *Elephant shoe* ☺

De retour à Montréal.

Je passe une radiographie. J'ai une côte cassée et deux fêlées.

Il faut attendre que la nature fasse son œuvre et que les côtes se ressoudent d'elles-mêmes. Je prends des anti-inflammatoires et j'attends que la douleur cesse.

J'ai vécu une expérience traumatisante qui m'amène à réfléchir sur le sens de mes choix.

Je considère que le bateau-dragon est important dans ma vie. C'est une de mes plus grandes passions, c'est un sport que j'adore, mais je ne suis pas prêt à y laisser ma peau. Mourir à cause du bateau-dragon ? Voyons donc ! C'est totalement fou. Ma mort aurait été complètement inutile. Si j'avais à refaire une compétition dans les mêmes circonstances, c'est sûr que je porterais une veste de sauvetage. Et j'insisterais pour que toutes les équipes en portent. Une cause potentielle, tiens !

J'avoue que je garde une certaine amertume de cette course à Hong Kong.

Les organisateurs ne semblent pas s'être inquiétés pour les pagayeurs qui ont été renversés. À ma connaissance, aucun d'entre eux ne s'est excusé non plus.

Normalement, tout doit être prévu, encadré, sécurisé. On fait du sport, alors c'est sûr qu'il y a des risques. Mais est-ce qu'il va falloir que quelqu'un se noie ou devienne paraplégique pour que les règles soient respectées ? Personnellement, je tire une leçon de cette expérience et j'espère que c'est aussi le cas pour d'autres personnes.

Quand j'y songe, je réalise que je serais mort en colère. Ce n'est pas la mort que je me souhaite. Je veux avoir le temps de dire au revoir à ceux que j'aime, de demander pardon à ceux que j'ai offensés, tout comme l'ont fait ceux et celles que j'ai accompagnés au fil des années.

Si j'ai été capable de finir la compétition et d'orienter mon énergie sur la victoire malgré ma douleur, malgré le choc que je venais de vivre, si j'ai réussi à rester concentré sur un objectif bien précis (nous qualifier pour la finale), c'est certainement grâce à ma démarche spirituelle, qui m'a appris à vivre dans le moment présent, à rester centré sur ce que j'ai à faire sans m'éparpiller dans mes pensées.

J'ai survécu, contrairement à ceux que j'ai accompagnés, contrairement à Laurent, à Joanna, à Timothée-Gabriel… J'ai eu une chance qu'ils n'ont pas eue.

*Je pourrais dire aussi que je n'étais pas prêt à partir.
J'avais une rage en dedans de moi, une rage contre
les organisateurs, mais aussi une rage de vivre, de
partager et d'échanger encore, d'aider davantage
ceux et celles qui ont besoin de moi.
Je suis loin d'avoir fini ce que j'ai à accomplir.*

*Si je suis encore ici aujourd'hui, c'est grâce à l'expé-
rience et aux connaissances que j'ai acquises dans
ma vie... Ma précieuse vie.*

*P.-S. – Avis aux intéressés : notre équipe a terminé
cinquième au championnat du monde, dans la finale
du 200 mètres ! Tiens, toi !*

« Voici une épreuve pour découvrir
si ta mission sur la terre est terminée :
si tu es vivant, c'est qu'elle ne l'est pas. »
Richard Bach, *Le Messie récalcitrant*, 1977.

MOT DE L'AUTEUR

Depuis mon premier livre, *Mon voyage de pêche*, je me suis souvent fait demander : « Quand vas-tu en écrire un autre ? »

À cette question, je répondais toujours la même chose : « Lorsque je serai inspiré et que j'aurai quelque chose de lumineux à raconter, il y aura une suite... »

Alors, ce livre, c'est une suite ?

Pas vraiment. Le premier livre était complet. Il s'agissait d'un hommage que je rendais à mon père de son vivant et j'avoue en être encore très fier. Et je suis toujours ému du résultat. Une boucle était enfin bouclée entre lui et moi et il n'y aurait donc pas de deuxième tome !

En fait, la suite a plutôt été ma cohabitation avec papa ; une expérience riche et significative, comme vous avez pu le constater dans ces pages.

Par contre, après l'aventure du premier livre, une semence puissante a germé en moi. Une semence de bonté, de compassion, une sorte d'élan vers les autres était en train de se manifester. Et c'est alors que j'ai décidé, quelques années plus tard, de faire des changements importants dans ma vie, qui ont provoqué une réelle révolution!

Au fil des pages, je vous ai parlé de personnes inspirantes et lumineuses, et d'événements significatifs qui ont fait de moi la personne que je suis devenue... et que je continue de devenir!

Puisse ce livre vous avoir inspiré à votre tour. J'espère qu'il vous a permis de voir différemment ces gens qui, trop souvent, restent dans l'ombre malgré leur unique et magnifique lumière intérieure.

Bien à vous,
Jean-Marie Lapointe

P.-S. – *Je ne t'oublierai pas* est né de ma rencontre avec Lison Lescarbeau, qui était à l'époque, en juillet 2012, directrice de l'édition chez Groupe Librex.

À la fin de notre lunch de retrouvailles (nous nous étions connus «quelques années» plus tôt au Collège André-Grasset), Lison avait écrit sur la nappe en papier ce titre que notre belle conversation lui avait inspiré.

Merci, Lison, de ta confiance en moi et d'avoir écouté ton intuition; grâce à cela, ces personnes et ces rencontres déterminantes pour moi seront, je l'espère, inspirantes pour les lecteurs.

D'ailleurs, si vous avez apprécié ce livre, c'est grâce à plein de gens talentueux qui carburent aux mêmes valeurs que moi.

Maryse Parent : celle avec qui tout a été écrit, médité, échangé, pleuré et ri. Merci d'avoir donné forme, poésie, style, punch et émotions à mes histoires. Tu as fait de magnifiques bouquets avec les petites fleurs que je te présentais. Quel plaisir que de se relancer, de s'enregistrer et de se compléter autour d'un café !

Sans ton talent d'auteure, ton écoute et ta grande sensibilité, ce livre serait un projet de plus : incomplet, dormant avec les autres, accumulant poussières et regrets.

Nadine Lauzon : merci, Nadine, d'avoir pris le relais de Lison et de m'avoir accompagné dans cette aventure. Travailler dans la douceur, la rigueur et le calme fut riche de bonheur. J'ai déjà hâte au prochain livre ! Tout le processus créatif se fait dans une telle joie avec toi !

Tu as porté et donné la vie durant la dernière année… Tu m'as aidé à faire un peu comme toi : puisse notre livre grandir et faire des petits. Comme les tiens.

Toute l'équipe de Libre Expression : la direction, la révision, la correction, la création artistique et la mise en marché, merci de votre précieuse collaboration et pour y avoir ajouté votre touche, ce qui a grandement bonifié le résultat.

P.P.-S. – Souvenez-vous de la citation du chapitre 4. ☺

Merci !

POSTFACE

« Ce n'est ni le génie ni la gloire ni l'amour qui mesurent l'élévation de l'âme humaine, c'est la bonté », écrivait Henri Lacordaire. Du point de vue du bouddhisme, chaque être porte en lui un potentiel de perfection, de la même façon que chaque graine de sésame est imprégnée d'huile. L'ignorance consiste à ne pas en être conscient, comme le mendiant, à la fois pauvre et riche, qui ignore qu'un trésor est enfoui sous sa cabane. Actualiser sa véritable nature, entrer en possession de cette richesse oubliée, permet de vivre une vie pleine de sens. C'est là le plus sûr moyen de trouver la sérénité et d'épanouir l'altruisme dans notre esprit.

L'amour altruiste est défini comme « le souhait que tous les êtres puissent trouver le bonheur et les causes du bonheur », et la compassion comme « le souhait que tous les êtres soient libérés de la souffrance et des causes de la souffrance ». Ces deux sentiments peuvent se résumer à une bienveillance inconditionnelle envers tous les êtres, prête à se manifester à tout moment. C'est une véritable manière d'être au monde et aux autres que l'on cultive jusqu'à ce qu'elle nous imprègne tout entier.

Amour et compassion doivent toutefois être éclairés par la sagesse. Celle-ci est fondée sur la compréhension des causes immédiates et ultimes de la souffrance. Par souffrance, on n'entend pas simplement les souffrances visibles dont nous sommes si souvent témoins ou victimes : maladies, guerres, famines, injustice, pauvreté, mais aussi leurs causes, à savoir les poisons mentaux. Aussi longtemps que notre esprit reste obscurci par la confusion, la haine, l'attachement, la jalousie et l'arrogance, la souffrance, sous toutes ses formes, est prête à se manifester.

Les choses nous apparaissent comme intrinsèquement « plaisantes » ou « déplaisantes ». Le « moi » qui les perçoit nous semble tout aussi réel et concret. Cette méprise engendre de puissants réflexes d'attachement et d'aversion qui mènent généralement à la souffrance.

L'erreur la plus courante consiste à confondre plaisir et bonheur. Le plaisir n'est que l'ombre du bonheur. Il est directement causé par des stimuli agréables d'ordre sensoriel, esthétique ou intellectuel. L'expérience évanescente du plaisir dépend des circonstances, des lieux ainsi que de moments privilégiés. Sa nature est instable et la sensation qu'il inspire peut vite devenir neutre ou désagréable.

Par ailleurs, le plaisir est une expérience individuelle, essentiellement centrée sur soi, raison pour laquelle il peut facilement être associé aux travers de l'égocentrisme et entrer en conflit avec le bien-être des autres. On peut éprouver du plaisir au détriment des autres, mais on ne saurait en retirer du bonheur. Le plaisir peut se conjuguer avec la méchanceté, la violence, l'orgueil, l'avidité et d'autres états mentaux incompatibles avec un bonheur véritable. «Le plaisir est le bonheur des fous, le bonheur est le plaisir des sages», écrivait Barbey d'Aurevilly.

À l'inverse du plaisir, le bonheur véritable naît de l'intérieur. Il peut être influencé par les circonstances, mais il n'y est pas soumis. Il a pour composante naturelle l'altruisme, qui rayonne vers l'extérieur au lieu d'être centré sur soi. C'est un état de plénitude durable qui se manifeste quand on s'est libéré de l'aveuglement mental et des émotions conflictuelles. C'est aussi la sagesse qui permet de percevoir le monde tel qu'il est, sans voiles ni déformations. C'est enfin la joie de cheminer vers la liberté intérieure, et la bonté aimante qui rayonne vers les autres.

Comment cultiver l'amour et la compassion? Le premier pas est de prendre conscience qu'au plus profond de soi on aspire au bonheur et on redoute de souffrir, et qu'il en est de même pour tous les êtres, y compris les animaux. Ce droit de ne pas souffrir, si souvent bafoué, est sans doute le plus fondamental de tous.

La compassion vise idéalement à mettre un terme à toute souffrance, quelle qu'elle soit et quels que soient les êtres qu'elle affecte. Elle ne s'appuie sur aucun jugement moral et ne dépend pas de la manière dont les autres se comportent. Elle embrasse donc tous les êtres sans exception, qu'ils soient amis, ennemis ou étrangers, sans se limiter à nos proches ou à ceux qui nous traitent favorablement. Comme le disait le dalaï-lama : «Pour cultiver la compassion, il ne suffit pas de croire à ses bienfaits ni de s'extasier sur la beauté de ce sentiment. Il faut faire des efforts et profiter de toutes les circonstances quotidiennes pour modifier nos pensées et notre comportement.» L'amour de l'autre ne doit pas naître d'une simple réaction émotionnelle, mais s'appuyer sur une réflexion et aboutir à un engagement ferme.

Nous avons tous fait, à des degrés divers, l'expérience d'un profond amour altruiste, d'une grande bienveillance, d'une compassion intense pour ceux qui souffrent. Il est pourtant essentiel de cultiver l'altruisme, car non seulement il nous permet d'accomplir le bien des autres, mais il représente également pour nous-même la manière d'être la plus satisfaisante qui soit. Le sentiment exacerbé de l'importance de soi n'engendre en réalité que tourments.

De manière générale, même si des pensées altruistes surgissent dans notre esprit, elles sont assez vite remplacées par d'autres, moins nobles, comme la colère ou la jalousie. C'est pourquoi, si nous souhaitons que l'altruisme prédomine en nous, il importe que nous passions du temps à le cultiver, car un simple souhait ne suffit pas.

Il faut tout d'abord prendre conscience qu'au plus profond de soi on redoute la souffrance et on aspire au bonheur. Une fois reconnue cette aspiration, il faut ensuite prendre conscience du fait que tous les êtres la partagent. Et que le droit de ne pas souffrir, si souvent bafoué, est sans doute le plus fondamental chez les êtres vivants.

Pour cultiver l'amour altruiste, imaginons tout d'abord un être cher. Ressentons envers cette personne un amour et une bienveillance inconditionnels. Souhaitons de tout cœur qu'elle trouve le bonheur et les causes du bonheur, puis étendons cette pensée à tous ceux qui nous sont proches, puis à ceux que nous connaissons moins, puis progressivement à tous les êtres.

Enfin, souhaitons-le à nos ennemis personnels et aux ennemis de toute l'humanité. Dans ce dernier cas, cela ne signifie évidemment pas que nous leur souhaitons qu'ils réussissent dans leurs projets funestes. Nous formons simplement le vœu ardent qu'ils abandonnent leur haine, leur avidité, leur cruauté ou leur indifférence, et que la bienveillance et le souci du bonheur d'autrui voient le jour dans leur esprit. Plus la maladie est grave, plus le malade a besoin de soins, d'attention et de bienveillance.

Embrassons ainsi la totalité des êtres dans un sentiment d'amour illimité.

Physiquement et mentalement, la vie de Jean-Marie n'a souvent tenu qu'à un fil. À ce fil, bien d'autres sont venus s'entrelacer, certains lumineux, d'autres tragiques. Peu à peu, Jean-Marie a trouvé sa voie grâce à la compassion. Cette compassion, il l'a mise au service de ceux qui souffrent, de ceux qui sont à l'approche de la mort.

La mort, si lointaine et si proche. Lointaine, car on imagine toujours qu'elle est pour plus tard ; proche puisqu'elle peut frapper n'importe quand. Si la mort est certaine, son heure est imprévisible. Comment faire face à la mort sans tourner le dos à la vie ? Comment y penser sans être désespéré ou effrayé ? De fait, la manière dont on envisage la mort influence considérablement la qualité de la vie. Certains sont terrifiés, d'autres préfèrent l'ignorer, d'autres encore la contemplent pour mieux apprécier chaque instant qui passe et reconnaître ce qui vaut la peine d'être vécu. Elle leur sert de rappel pour aiguillonner leur diligence et éviter de dilapider leur temps en vaines distractions. Égaux devant l'obligation de lui faire face, nous différons quant à la manière de nous y préparer. Pour celui qui a su extraire la quintessence de l'existence, la mort n'est pas une déchéance ultime, mais un achèvement serein. « C'est le bonheur de vivre qui fait la gloire de mourir », écrivait Victor Hugo.

Matthieu Ricard,
novembre 2013